紫禁城宫殿

中国紫禁城平面图（局部）

筒 子 河

筒 子 河

筒 子 河

筒 子 河

角樓　　　　　　　　　　　　　　　　　　　角樓

城牆

神武門

御花園

延禧宮

奉先殿

箭亭

九龍壁

御膳房

皇極殿

寧壽宮

樂壽堂

頤和軒

養性殿

景福宮

坤寧宮

乾清宮

保和殿

養心殿

儲秀宮　翊坤宮　太極殿　長春宮

中正殿

建福宮花園

英華殿

壽安宮

壽康宮

慈寧宮

大佛堂

紫禁城宮殿總平面示意圖

東華門大街

西華門大街

筒子河

筒子河

角樓

角樓

城牆

城牆

午門

東雁翅樓

西雁翅樓

闕右門

闕左門

太和殿

太和門

協和門

熙和門

金水橋

體仁閣

弘義閣

左翼門

右翼門

中左門

中右門

昭德門

貞度門

崇樓

崇樓

文淵閣

主敬殿

文華殿

集義殿

本仁殿

傳心殿

本誠殿

箴亭

文華門

集福門

紅本庫

寶録庫

内閣大堂

錦衣衛

南庫

東庫

太醫院

南三所

影壁

上駟院

敬思殿

武英殿

英華門

浴德堂

恭儉殿

凝道殿

焕章殿

武英門

斷虹橋

浴德殿

浣衣局

内務府

南薰殿

浚事門

浚濑堂

燈庫

衡築庫

有幾庫

西華門

紫禁城宫殿

于倬云 主编

The Palaces in the Forbidden City

GUANGXI NORMAL UNIVERSITY PRESS

广西师范大学出版社

·桂林·

前说

　　中国历史上曾经有过很多著名的宫殿建筑，如秦阿房宫、汉未央宫、唐长安城、宋汴京城以及元大都等，但是我们今天只能从文献和遗址中略知这些宫殿的梗概。只有明、清两代的紫禁城宫殿至今尚保存完整，巍然屹立在北京城的中轴线上。紫禁城宫殿是中国现存规模最大的木结构建筑群，也是世界罕见的古代宫殿建筑群。

　　紫禁城宫殿虽然建成于十五世纪二十年代，但它却是集中国古代传统宫殿建筑之大成，布局和建筑技术都是继承了历代宫殿建筑的优秀成果而又有进一步的创造，在中国建筑史上占有极重要的地位。

　　为了全面、系统地介绍紫禁城宫殿，并由此展示中国古代传统建筑的高超技术和艺术，故宫博物院与香港商务印书馆决定合作编辑出版这部《紫禁城宫殿》。本书由中国文物保护技术协会副理事长、故宫博物院古建部副主任、高级工程师于倬云先生主编并亲自撰写导论，综论紫禁城的营建沿革、规划设计思想以及有关方面的建筑艺术。

　　本书精选大量照片展示紫禁城内主要宫、殿、楼、阁、门等各类型建筑物的外景、内景、装修、装饰、陈设以及有关的设施，并分章撰写专文作深入浅出的概述。除此而外，另有图片说明作为辅助性的解说，以增加知识性和趣味性。

　　除摄影图片外，也有不少故宫珍藏的历史画、建筑实测图等各类墨线图。

　　本书是在本院有关部门通力合作下完成的。本院古建部、研究室、陈列部、保管部和群工部等都承担了部分的工作任务。本院出版工作委员会副主任、《故宫博物院院刊》总编辑刘北汜先生，出版工作委员会副主任、研究室主任吴空先生协助主编工作；古建研究人员郑连章、刘策先生和茹竞华女士参与编写和制图；周苏琴女士具体组织拍摄和资料搜集工作；书内主要照片是由摄影师高志强、胡锤先生摄制的。

　　另外，天津大学建筑系副教授童鹤龄先生为本书绘制《紫禁城鸟瞰图》，在此一并致谢。

故宫博物院
1982 年 3 月

目 录

紫禁城宫殿的营建及其艺术

紫禁城主要建筑

建筑结构与装饰

其他设施

附录

紫禁城鸟瞰图（童鹤龄 绘）

1

紫禁城宫殿的
营建及其艺术

建筑沿革

　　紫禁城位于现今的北京，原是明、清两代的皇宫。明代的十四个皇帝和清代的十个皇帝，凡四百九十一年中先后在这里发号施令，统治中国。

　　按照中国古代对太空星球的认识和幻想，谓有紫微星垣（即北极星），位于中天，众星环绕，位置永恒不移，是天帝所居，称紫宫，并援其"紫微

正中"之义，来象征世上帝皇的居所。而且皇帝所居的宫殿属禁地，戒备森严，不许平民越雷池半步，因此明、清皇宫就有"紫禁城"之名。这个命名，更增添了皇宫的神秘色彩。

　　紫禁城宫殿是明成祖朱棣在位时营建的。明太祖朱元璋建国时，定都金陵，称为南京，封他的四子朱

紫禁城位置示意图

棣为燕王，驻守北平府（北京）。朱元璋在位三十一年死去，太孙建文帝继位。朱棣不服，用武力攻取了南京，承继了皇位，改年号为永乐。朱棣长居北方，深感北元残余势力的威胁，出于军事上的考虑及巩固政权的需要，他于永乐四年（1406）下诏迁都北京，永乐五年五月开始营建北京宫殿、坛庙与自己的陵寝（即长陵）。他首先派遣大臣到四川、湖南、广西、江西、浙江、山西诸省采木，并派侯爵陈珪（1335—1419）督制北京城与紫禁城的改建规划。具体规划则由被誉为"才智过人、经划有条"的规划师吴中（1372—1442）负责。

紫禁城宫殿鸟瞰

当时的规划有三大特点。

第一，明代北京宫殿是在元大都的基址上营建的。当拟制规划时，规划师们不仅掌握元大都的基本情况，而且十分熟悉地上建筑的情况、水系的来龙去脉以及暗沟的排水高程和坡度，因此在营建新城时得以充分利用原有的遗物，节省了很多工程量。由于紫禁城中缺乏水面，所以把太液池中的水从城垣的西北隅引入，向南回绕，在紫禁城的午门内的一段就是美丽的内金水河，然后从东南方向流出，经菖蒲河、御河和通惠河接通。

第二，明代的都城规划吸取了历代都城规划的优点，对元大都宫殿布局做了许多改动。元朝的大内正门崇天门（午门）至大都正门丽正门的距离较近，没有北宋汴京宫前天街的那种雄伟深邃的气魄。明代的北京规划遂吸取了宋代汴京宫前"州桥南北是天街"的布局，把京城的南面城墙向南推出了里许，到现在正阳门的位置，从而使正阳门到紫禁城之间形成了一条笔直而漫长的中轴线。从正阳门北向，经大明门（清时称大清门）、外金水桥、承天门（清代改称天安门）及端门，才能看到巍峨雄峙的紫禁城的大门——午门。这些门阙构成引人入胜的空间，有如宫前的序幕，增加了紫禁城庄严肃穆的气氛。

《康熙南巡图》（从正阳门外到端门部分）

《清明上河图》局部

北宋张择端绘，现藏于故宫博物院。宽24.8厘米，长528.7厘米，绢本设色。作品以长卷形式，采用散点透视构图法，生动记录了中国十二世纪北宋都城东京（又称汴京，今河南开封）的城市面貌和当时社会各阶层人民的生活状况，是北宋时期都城汴京当年繁荣的见证，也是北宋城市经济情况的写照。在5米多长的画卷里，共绘了数量庞大的各色人物，牛、骡、驴等牲畜，车、轿、大小船只，房屋、桥梁、城楼，各有特色，体现了宋代建筑的特征。

元、明北京城变迁图

—— 元大都城坊宫苑平面配置想象图
—— 北京内外城平面略图

明代在承天门外中轴线的两侧，布置着千步廊与衙署，在承天门内东西朝房两旁，布置了"左祖右社"[1]的太庙和社稷坛。这样的布置改变了元朝"左祖右社"远离皇城的情况，使太庙与社稷坛紧连皇宫。

第三，元朝的宫殿布局是以琼岛为中心的三处宫殿群（兴圣宫、隆福宫和大内），兴圣宫和隆福宫是后、妃及太子的宫室，大内为帝后的正衙

和寝宫。大内周围环以宫城，但无护城河，宫后的御苑中也无景山。明代把太后嫔妃的宫室都布置在紫禁城内，并沿紫禁城周围挖了52米宽的护城河，使紫禁城增加了一道防御工事。从护城河中挖出的土方多达百万立方米，运至宫后的御苑，堆成高达49米的万岁山（今称景山）。这个设计既符合南京明宫殿后面以万岁山为屏障的雄伟构想，又节省了土方的运输。

到了清乾隆年间，在万岁山的五峰之上建起五座玲珑秀丽的亭子，给紫禁城的山屏添了一景。登上景山万春亭极目遥望，可以看到世界上唯一的景象——琉璃瓦顶金光闪烁的"宫殿之海"——紫禁城。

1　指宫殿的左边（东）是祖庙，右边（西）是社稷坛。祖庙建在东边，社稷坛建在西边，左右对称。古代以左为上，所以左在前，右在后。

施工准备

在紫禁城里建筑的楼台殿阁，如按幢计算，约近千幢（古时称为座，包括内务府、上驷院及值房等）。其中既有规模宏伟的大殿，又有造型复杂的亭阁；既有玲珑精致的工艺，又有罕见庞大的巨材。因此做营建规划时，要算出需花多少钱，用多少工，备多少料，如何安排工程进度，确是一件不简单的事。

采木

古建筑中木材是最重要的材料。明代营建宫殿时，对木材质量要求很严格，木架和装修都用上好的楠木（香楠或金丝楠）。这种材料产于四川，无论在山中采伐，还是运输巨木来京城，都是非常艰险的事。"入山一千，出山五百"这句谚语，就充分说明了木材采伐运输上的艰难，也可以看出明宫殿的建造消耗了多少人的血汗。

当时运输的办法是将木材滚进山沟，做成木筏，待雨季山洪暴发，将木筏冲入江河，顺流而划行。遇到逆水时，便上岸拉纤。运输木材的道路主要有两条。一是通过运河、通惠河运到北京的神木厂。如浙江省的木材由富春江入大运河，经天津入北运河，再经通惠河入北京；江西省的木材通过赣江入长江；两湖的木材通过湘江与汉水入长江；四川的木材通过嘉陵江与岷江入长江，然后经运河北

上，往往需要三四年的时间才能到达。以上这些地区，所产的良材美木多是特等巨材，当时称为神木。经这条渠道的木材由于产地大，货源足，因此从通州张家湾到北京崇文门的通惠河中，大量木材源源不断，依次运入神木厂。二是从山西的桑干河经永定河，把木材运到北京的大木仓。现在北京城内西单稍北的大木仓胡同，就是沿用五百年前为营建宫殿所设木仓的位置而命名的。

当时北京城内东西两个大木储存场储材充足，因此在兴建紫禁城期间，从未出现过停工待料的现象。大木仓有仓房 3 600 间，保存条件良好，直到正统二年（1437），仍有库存木材 38 万根之多。

烧制砖瓦

紫禁城宫殿所需的砖瓦，品种之多、数量之大也是十分惊人的。其用量大不仅在于房屋之多，城垣之大，而且与一些特殊的工程做法是分不开的。如庭院地面，至少墁砖 3 层，甚至墁上 7 层。全部庭院估计需用砖 2000 余万块。城墙、宫墙及三台用砖量更大，估计所用城砖数在 8 000 万块以上。每块城砖重 48 斤有余，约重 193 万吨，因此在生产和运输上都是非常艰巨的。

从砖的规格和质量分，主要有以下几种。第一种是用量最大的城砖。

这种砖质地坚实，称为停泥城砖。由于不宜细磨，所以多用在垫层和隐蔽部分。第二种是澄浆砖。这种砖，在制坯前，先将泥土入池浸泡，经过沉淀，澄出上面的细泥，晾干后做坯。澄浆砖质地细，宜用作干摆细磨的面砖。这种细泥澄浆砖以山东临清的产量最多，当时规定，凡运粮船路过临清必须装上一定数量的砖才能北上。第三种是房屋室内和廊子地面所铺的方砖。尺二方砖多铺于小房室内，尺四方砖铺于一般配房，较大的房屋均铺尺七方砖，另外还有一种尺七以上的方砖，质地极细，敲之铿然，声若金属，称为金砖，产于苏州松江等七府。紫禁城主要宫殿的室内都是用金砖墁地。

方砖也多赖运河和通惠河运到北京。明初，北京城内的御河可以行船，因此从运河运来的方砖可以直抵地安门外鼓楼前东侧的方砖厂。现在的方砖厂胡同即以明初方砖厂而命名的。

屋顶所用的瓦件，从材料品种来分，可分三类：个别的建筑物用金属瓦顶；少数房屋用的是青瓦（也称黑瓦或布瓦）；绝大多数的房屋为黄琉璃瓦。

琉璃瓦的规格品种较多，配件复杂。由于它制坯、塑造花纹、烧坯挂釉需要时间很长，所以必须事先订货。如何在事先提出备料清单，专业技术人员有一套传统的计算方法。只

筒　子　河

筒　子　河

角楼

角楼

神武门

建福宫花园

东　五　所

宁
寿
宫
花
园

御花园

储秀宫

储秀宫

体和殿

坤宁宫

长春宫

储坤宫

承乾宫

永和宫

延禧宫

宁寿宫

体元殿

太极殿

永寿宫

景仁宫

皇极殿

筒
子
河

养心殿

奉先殿

慈宁宫

乾清宫

乾清门

雨
花
阁

筒
子
河

保和殿

中和殿

慈宁宫花园

太和殿

南三所

内务府

文渊阁

主敬殿

敬思殿

文华殿

武英殿

文华门

西华门

武英门

断虹桥

东华门

太和门

金　水　桥

角楼

角楼

午门

西雁翅楼

东雁翅楼

筒　子　河

筒　子　河

紫禁城宫殿总平面示意图

要有了建筑尺寸、屋顶形式和瓦样号数，琉璃瓦厂便能开出各种瓦件的详单进行烧制。安装时保证严丝合缝，件件齐全。

明代烧制琉璃瓦的地点在今北京正阳门与宣武门之间的琉璃厂。今和平门外尚有琉璃厂和厂西门的地名。烧制黑瓦的窑厂在黑窑厂，即今陶然亭、窑台一带。现在陶然亭公园的湖泊，就是五百年前制坯取土的遗迹。

关于烧窑的地点，在明代及清代乾隆年间规定："京城之北五里之内不得设窑。"因为北京多刮西北风，如果窑厂设在西北近郊，城内空气容易污染，所以窑厂多设在东南一带。清康熙年间又迁琉璃厂至门头沟琉璃渠，一方面较近原料产地，另一方面更利于北京城保持空气清洁。

采石

一般平原的木构建筑，石材的用量并不太多，但紫禁城中所用的石材，不仅数量多，而且规格异常巨大。尤其明代早期对营建宫殿的材料的规格要求极严。例如：

明代宫殿台基上面的阶条石都要"长同间广"，也就是石料的长度要和每间的面宽一致。譬如乾清宫明间（中心间）的面宽为7米，则阶条石料的长度也要在7米以上。这种石材的开采难度是很大的，而宫殿中需要大量这种规格的石材。现在紫禁城建筑中所见到的阶条石，并不都是"长同间广"，甚至太和殿的条石，也没和柱子中心对缝，这是由于清代补配时的做法有些变化，增加了条石的数量，减少每块的长度，以解决开采长石料的困难。

殿前御道（甬路）石板，规格也是很大的，有的重达万斤。这种石板御道，不仅用在紫禁城中主要宫殿前，在午门到端门、天安门的中轴线上的"御街"也用这种巨型石板铺筑。以上两种巨型石材是在京西房山县大石窝和门头沟青白口开采的。石质坚硬，色泽青白相间，因此称为青白石或艾叶青。以上两种万斤以上的巨材，明代营建紫禁城时需要万块以上，开采规模确是很惊人的。三台前后的两块雕龙御路石板长16.57米，宽3.07米，当时开采这样巨大而又无裂无疵的石材就更难了。据估计，每块石材重达250吨，如果按采石时加荒计算，这种石料每块起码要重300吨以上。从当时的生产条件看，探矿、开采、运

太和殿前御路接驳示意图

转、吊装等工程难度都很大。当时能够采集应用，分析起来不外依靠两个方法：一是运用科学方法；二是靠人多。石匠的撬棍和起重的杠秤就是利用"重量×重支距＝力×力臂"的杠杆原理，这和现代吊车原理是一样的。人的力量虽然有限，但人数多，做动作时喊号子，步伐一致，力量也就很大了。

明万历年间重建三殿时，太和殿前所需的御路石"阔一丈，厚五尺，长三丈余"，估计这块石料重达180吨。运输这样巨且重的材料，既不能用车也不能就地滚，于是选在冬季运输，沿途每隔一里打一口井，路上泼水成冰，拽石在冰上滑行，摩擦阻力较小，这在当时的条件下，不失为有效的办法。但用这种办法仍

御花园钦安殿穿花龙栏杆

需民工两万多名，经二十八天才拽运到北京。不过这块石材的长度仅为原来御路石材的百分之六十。为达到原来的长度，用三块石材巧妙地拼接起来。拼接时，如果直缝对接，必露出接缝，非常丑陋。聪明智慧的石工在做这块御路时，是以云纹突起的曲线为拼合线，使石料之间的接触面成为高低起伏、凸凹交错的弯曲面，虽然用三块石料拼合，也能严丝合缝地咬合为一体。因此这雕石御路虽然位于太和殿前的显眼部位，但长期以来无人看清是拼接出来的，只是由于后来石块走闪，出现缝隙，人们才发现三台前面正中的大石雕"御路"与保和殿的用材不同，它不是用16.57米长的石材雕制的，而是用三块石料拼合而成的。

房山不仅出产青白石，还出产大量的白石，其中还有一种质地柔润坚实，形如玉石，洁白无瑕的汉白玉。白石都用来做钩栏望柱，俗称玉石栏杆。一般的白石易于风化，只有养心殿前的御路石、御花园钦安殿的栏杆及盆景座的一些晶莹的白石才是珍贵的汉白玉石。

当时，采集石材的场地除了房山、门头沟，还有顺义县牛栏山和门头沟马鞍山的青砂石、白虎洞的豆渣石和曲阳县的花岗石。这些地方都较靠北京城，说明明代营建宫殿时是采用就近取材、因材制用的办法的，采发来的石料以白石做钩栏，青石做台基，豆渣石做沟基和路面，花岗石做磨地面，青砂石做次要房屋的柱础台基

用。至于现在紫禁城中尚存的少量的五色虎皮石（冰纹拼合的贴面墙石）为清代从蓟县盘山采发的，不属于明初的备料计划。

其他建筑用料

白灰（也称石灰）在修建紫禁城中，用量很大。白灰系用石灰岩烧制，白灰窑大都设在山腰或山脚下，靠近石灰岩产地。如房山周口店和磁家务（现在磁家务附近有"石灰厂"的地名），顺义县的牛栏山，怀柔（县城西南有个地名叫石场），以及山西省的部分地区，设置很多石灰窑，现在马鞍山仍有灰质最佳的石灰窑。

宫殿的墙壁为红色墙身，黄琉璃瓦顶的夹陇灰中也掺和红土子抹灰刷浆。因此，红土子的用量也是很大的。其产地在山东鲁山，加工在博山，博山以出红土子著称。

大殿室内墙壁粉刷所用的近似杏黄色的材料称为包金土，产于河北省宣化市北面的烟筒山（文献记载为寅洞山）。此外殿堂内的金漆宝座与室内外的油画贴金，需用大量的金箔，是用真金打成的，厚薄均匀的箔页多在江南加工。苏州加工的金箔既薄且匀，无砂眼。金箔由于配比成分不同，分为库金和大赤金两种。

紫禁城宫殿所需的建筑材料还有很多，产地也很广，就不一一赘述了。

施工过程与著名匠师

紫禁城宫殿的施工是经过长期准备，周密计划，充足备料，并做出大量预制构件之后，才在永乐十五年（1417）二月破土开工的。经过三年的大规模施工，于永乐十八年（1420）九月竣工。其规模之大，计划之周，构造之精，进度之快，确是建筑史上罕见的奇迹。这既是全国人民的血汗结晶，又是参加营建的十万工匠与百万夫役的劳动成果。这十万工匠多是从各地甚至其他国家挑选来的能工巧匠，他们有的人参加设计，有的人负责管理和操作，都发挥了专业才能。

如陆祥、杨青、蒯（音快，三声）祥等就都是掌握祖传技术、应征服役的著名匠师。

陆祥（？—1470）是祖传的石工，从小随父兄学石工技术。朱元璋营建南京时，他曾应征到南京服役。陆祥石作技术高超，操作认真，他所掌管的北京宫殿坛庙石活都能雕琢精细，尺寸严格，工精料实，一丝不苟。从钦安殿的白石钩栏到三台螭首的"千龙喷水"，都可以看出他精湛的技术。石材加工费力费时，紫禁城中所用石材巨，数量多，加工尤难，陆祥却能有条不紊地事先在紫禁城外的大小石作进行打凿、雕刻，预制后运至现场快速安装，不差分厘，这就保证了紫禁城的工程质量与进度。

瓦工杨青，擅长估算，精于调配工料。他的工料估算对完成宫殿施工起了很重要的作用。因为工地人多，如果没有好的调度，就会造成现场混乱。在紧迫的施工当中，紫禁城营建工程没有停工待料，没有因工序衔接不上而误工，这与杨青善于安排工地上人数最多的瓦壮工是分不开的。

蒯祥（1398—1481）是苏州吴县人，为家传的木工技术人员。他父亲蒯福是一位经验丰富、技术精湛的木工，曾主持南京宫殿的木作工程。蒯祥在少年时代随父学艺，青年时代即到南京做木活。由于勤奋学习，刻苦钻研，他终于成为一位优秀的木工。当蒯福告老还乡时，蒯祥接班，接管南京宫殿的木作工作。永乐十五年（1417）紫禁城宫殿开始进入大规模施工高潮时，蒯祥随永乐帝从南京到北京，主持宫殿的施工。

古代木构建筑的营建，由于很多

营建紫禁城所用的墨斗

墨斗由墨仓、线轮、墨线（包括线锥）、墨签四部分构成，是中国传统木工行业常用工具。墨斗通常被用于测量和房屋建造等方面。其用途有三个方面：

1. 做长直线（在泥、石、瓦等行业中也是不可缺少的）。方法是将濡墨后的墨线一端固定，拉出墨线牵直拉紧在需要的位置，再提起中段弹下即可。
2. 墨仓蓄墨，配合墨签和拐尺用以画短直线或者做记号。
3. 画竖直线（当铅坠使用）。

用料的尺寸都是以斗拱的模数计算出来的，因而木骨架的设计是各种专业设计的基准，蒯祥既能绘图、设计，又有操作技术，因此人们称他为"蒯鲁班"。

以上三人是营建北京宫殿的石、瓦、木作的匠师代表人物。至于总体规划设计方面的技术人才，由于他们做出的方案要先经工部审查，再由太监送给皇帝批准才能实施，因此在文献上多记载泰宁侯陈珪、工部侍郎吴中和太监阮安的规划设计才能。实际上，对紫禁城的规划设计贡献最大的是蔡信。他有瓦木各作的丰富知识，有精湛的设计才能，台旨深入实际，深入各作，共同讨论，使设计和施工紧密结合，因此他的设计方案为各作所敬佩。紫禁城宫殿在营建中能够顺利施工，与设计师蔡信的勤劳、智慧及工作方法是分不开的。

永乐十八年（1420）九月初九，由于紫禁城宫殿即将落成，永乐帝颁布诏书，决定于翌年元旦御新殿受贺，定北京为京师。十二月北京郊庙宫殿全部落成，但是御新殿才百日，三大殿于四月初八被火全部烧光。由于朝中有人主张回都南京，因而推迟了修复工程的时间，只得以奉天门为听政之所。朱棣死后，其子洪熙皇帝有复都南京的打算，并命修理南京皇城。洪熙在位仅一年就病死，宣德年间的朝政，大体皆延洪熙帝的遗绪，至正统皇帝继位，最初对是否还都南京仍颇犹豫。到了正统四年（1439）十二月，终于决定修缮两宫和重建三大殿，令工部尚书吴中督工修建，由蒯祥负

营建紫禁城所用的门尺

门尺，也叫门光尺、鲁班尺，属于中国传统建筑用尺，用于丈量、选择家具、宅居的吉利尺寸。"鲁班尺"不是尺，而是一种对照表。一般搭配曲尺使用，做吉凶判断，门尺上标有红色字和黑色字，针对使用对象把所需长度落在门尺相应的红色部分，则为吉利。

贵人星　天灾星　天祸星　天财星　官禄星　独孤星　天贼星　宰相星

责设计与施工。修建工程于正统五年（1440）三月开工，经过两年全部告成。这时期，蒯祥的匠艺已达到炉火纯青、巧夺天工的地步，"凡殿阁楼榭，以至回廊曲宇，随手图之，无不称上意者"。他能以两手画龙，合之如一。他不仅精慧聪敏，巧思善画，而且能目量意营，准确无误，指挥操作，悉中规制。

这次重建竣工后约一百二十年，嘉靖三十六年（1557）四月的一天傍晚，雷雨大作，奉天、华盖、谨身殿，文、武楼，左顺、右顺门及午门内外朝房尽毁于雷火。当时由于没有留存这些建筑的图纸档案资料，掌握营缮的工官和工匠们不敢提出修复设计。只有工师徐杲和雷礼，凭着他们的精湛技艺和经验，根据灾后废墟情况，拟出修复方案。当年十月重修奉天门，经过一冬的时间修缮大木，翌年春季宾（音哇，四声）瓦与油画，七月即落成，并改称大朝门。三大殿工程也于嘉靖四十一年（1562）竣工。嘉靖皇帝由于害怕再遭雷火，除命令建雷神庙外，并更名奉天殿曰皇极殿，华盖殿曰中极殿，谨身殿曰建极殿，文楼曰文昭阁，武楼曰武成阁，左顺门曰会极门，右顺门曰归极门，东角门曰弘政门，西角门曰宣治门。

"万历二十五年（1597）六月戊寅，三殿灾……火起归极门，延至皇极殿，文昭、武成二楼、周围廊房一时具烬"。当时由于缺乏木材大料，需去四川、湖广、贵州采集，因此直到十八年后，在万历四十三年（1615）才建成。现在的中和殿、保和殿即那时重建的建筑物。天启五年到七年（1625—1627）三大殿又经过大修，因而许多书记载该两殿为天启年间建筑。事实上从屋架观察，与万历年的许多手法相同，虽然中和殿在天启五年换了一些大木，但基本骨架仍为万历四十三年的遗物。

当时参加修缮的工师冯巧是一位杰出的木工。自万历至崇祯末年，冯巧对宫殿修缮做出了很大的贡献。他发现青年木工梁九有志钻研技术，于是把平生的技术全部传授给梁九，并

圆明园九洲清晏殿烫样

屋顶烫样

北海澄性堂烫样

烫样

明清建筑工程中用纸、纸板、纸浆等制作的建筑模型。因制作时需用熨斗烙烫成型，故称烫样，是中国古建筑特有的产物。皇宫里有专人制作烫样，根据烫样，核算要盖的房子需要多少工料银两，方便皇帝了解准确信息，以便定夺具体。烫样里有文字标注，相当于包含了建筑设计，甚至室内装修设计，可以称之为过去的图纸。样式房即制作烫样的皇家机构，负责宫廷建筑的设计与施工。

北海澄性堂烫样
清代（1636年—1912年）
故宫博物院藏

启发梁九以寸准尺，用模型设计的方法指导施工，使梁九掌握了精湛的工程技术。清康熙三十四年（1695）重建太和殿时，由年迈的梁九主持这项工程。他用模型设计的方法，把重檐庑殿顶的大殿，从造型、结构、规格及尺寸等都用"以寸准尺"的比例方法制造出模型，使人一目了然，这给审查设计和指导施工提供了极大的方便。现在的太和殿，就是梁九的设计成果。

古代传授技术的另一方式是"家传"——父传子，子传孙。这种传授方式在当时的情况下也培养出一些人才。明代的木工蒯祥、石工陆祥，就是从小随父兄学得技艺。清代初年的雷发宣、雷发达，以木工应征到北京服役，由于他们的技术卓越，很快就被提升，担任宫廷建筑的设计工作。雷发达在主持设计工作中，创造出用草纸板烫制模型小样的方法，简称"烫样"。他所主管的设计单位称为"样式房"。他的技艺传授给其子雷全玉，后来在承德离宫设计中做出很大的贡献。其孙雷澂在圆明园设计中贡献也很大。雷氏的技术传至七世，直到光绪三十五年（1909），共流传了二百四十余年，其间凡是宫廷建筑设计图样都出自雷家之手，所以人们称他家为"样式雷"。

清代的皇家工程，由样房和算房两个单位分工负责。样房负责建筑设计，由雷家掌管；算房负责编造各作做法，做预算、估工估料，由梁九、刘廷瓒、刘廷琦等人先后承担，所以有"算房梁""算房刘"之称。

康熙八年（1669）重修太和殿举行上梁典礼时，康熙皇帝亲临现场，焚香行礼。当大梁吊到高空，准备入榫时，预制的榫卯悬而不合，管理工程的官员慌恐不已，担心皇帝怪罪。正在万分焦急的时候，年已半百的雷发达，穿上官服，攀上高空，骑在梁上，手起斧落，使榫卯入位，典礼按时告成。他的现场应急表现，使康熙皇帝十分喜悦，当即敕授雷发达为工部营缮所的长班（技术领导）。

西苑勤政殿烫样

建筑群模型

建筑艺术

紫禁城宫殿是继承历代宫殿经验而进一步发展的，其特点与历代皇宫相同，均有象征皇帝至高无上的气概，在建筑规模、建筑艺术方面极为突出，从而使这个宫殿建筑群既有统一的基调，又有富丽多姿的变化。

富于变化的空间组合

要建筑的空间组合富有变化，使不同的空间产生不同的视觉效果，一定要处理好建筑与建筑、建筑与人的关系。

午门是紫禁城的正门。午门前的御街是通向皇宫的主要街道，也称天街。街的两旁由连檐通脊的廊庑组成了一个狭长而深邃的空间。当人们在漫长的天街上观赏时，两旁的廊庑犹如工整的仪仗队。这种整齐单调的手法，旨在导人直视，步向午门，以增加宫前空间的严肃性。否则，如果把两旁单调的廊庑设计为变化多端、奇光异彩的建筑，则与宫前的肃穆气氛相违，而午门的雄伟、神圣之感也会大为减色。

但进了午门，所处空间突起变化，空间由狭长的天街一变而为宽阔的庭院。庭院周围的门庑也和宫外的不同，都建在一人多高的台基之上。由于周围有高台环绕，更显得建筑物高大，人们置身其间，顿觉渺小，这是运用对比手法的效果。同时，庭院中心，五座飞虹拱桥和玉带般的内金水河纵横交织，皎白的石钩栏穿插其间，更抓住了人们的视线。尽管午门内庭院视野广阔，但初进紫禁城的人总是给金水桥吸引过去，使注意力集中在庭院中心，这就是艺术的魅力。

进入太和门广场，雄伟壮丽的太和殿呈现眼前，这是紫禁城空间组合的最高潮。太和殿的雄伟，不全在于它单体建筑的高大。太和殿自身，台基面积为2377平方米，高度为16.93米，仅相当于一座普通的八九层楼房。尽管它是宫中最大的建筑，有着等级最尊贵的重檐庑殿顶，但如无三台的衬托、门庑的陪衬，是难以达到如今那种雄伟壮丽的艺术效果的。在宽阔的庭院和高大的宫殿面前，所谓天高地广，人自然显得更渺小；皇帝高踞宝座俯望三台下庭院中的人群，越发显出"唯我独尊"的天子威严了。

后三宫与前三殿相比，建筑形制虽大体类似，但体量上则有很大差别。后宫庭院阔度与前朝的相比，相差一倍。但是，主要变化在于空间组合的巧妙运用。前朝和后宫的庭院都是纵向矩形，为了区别二组宫殿性质的不同，在两者间（即乾清门前）建了一个横向的庭院，这种空间变化的处理，给人以关捩的转折感。加以乾清门前陈设的"八"字琉璃影壁，标明前朝部分已经结束，进入另一性质的空间——内廷。

在空间组合上区别内廷和外朝，同样采取了对比的手法。除体量面积有差别外，相对外朝布局疏朗，内廷则布局紧凑，显示后宫深森的特色。

总之，紫禁城建筑的空间组合，具有纵横交错、疏密相间、起伏错落的特点，是中国古代建筑艺术精华的集中表现。

富有构造机能的装饰艺术

中国古代建筑中，凡属优秀的建筑装饰都具有两重作用：一是为了构造功能的需要；二是美的欣赏。这两者必须有机地结合起来，才能臻装饰艺术于高水准。

神武门　　钦安殿　　坤宁门　坤宁宫　交泰殿　乾清宫　　　　乾清门　　　　保和殿　　　中

紫禁城中轴线上主要建筑纵剖面图

　　紫禁城宫殿的建筑装饰也多是依照这种原则而设计的，因而其装饰部位多是以结构构件为基础，在实用的基础上进行美术加工，形成了多姿多彩、美轮美奂的建筑装饰。

　　首先，宫门前纵横成行的门钉，金光灿烂，给人以庄严富贵之感，因而门钉成为宫门上的重要装饰物。每扇大门装九九八十一个门钉。其实，早期的门钉是为了固定门板和横带而设的，唐代佛殿南禅寺的大门由于门扇背后有五条横带（宋朝称为幅），所以在门板上钉着五行大帽铁钉。紫禁城的门钉钉帽较为突出，都是以铜铸的，上面鎏金，分外引人注目。

　　其次，是殿堂的屋顶。屋顶最高峰的两端和屋檐的四角，都有吻兽等装饰物。正脊的垂脊的父接点，安装大吻，因而屋脊两端的大吻既是构造上的需要，又是装饰构件，使屋面轮廓出现变化而避免呆板与单调的气氛。

　　屋面上的垂脊坡度较陡，容易下滑，是建筑结构的薄弱环节。为了解决垂脊滑坡的问题，在垂脊下端钉有铁桩，钉入正心桁上。上面安放垂兽，

把铁桩扣盖住，所以说垂兽也是有结构功能的装饰物。

　　再次，房屋的檐椽是担当屋面荷重的挑檐构件。在近代新建筑中，多用封檐板把椽子遮挡掩饰，但中国古代木构建筑的许多地方，不仅对结构构件毫不掩饰，而且加工上令人悦目的图案花饰，增加了建筑装饰艺术。紫禁城宫殿中的圆椽多画"龙眼宝珠""虎眼宝珠"或"圆寿字"等；方形的飞椽多画"卍"字"金井玉栏杆"或"栀子花"等。在重点建筑的"椽肚"上，做沥粉贴金的灵芝、卷草等装饰，突出了金碧辉煌的气派。三大殿、后三宫的椽子和飞头就是这种做法。

　　另外，雄伟壮丽的"三台"石雕艺术的设计也是依照实用功能和装饰艺术相结合的原则。每层台上周边的玉石栏杆是为了防止人在行走时坠下所装置的安全措施，每块栏板之间用突出的望柱作为衔接构件，望柱和栏板的两端凿出沟槽状的榫卯，同时在艺术上使纵横线条错落有致。望柱下伸出的石雕螭首，作用是把台上的雨水喷得远些，以免泥水洇污洁白的须弥座。这项设计不仅衬托出三大殿雍

容华贵的气派，而且在功能上、艺术上也很有特点。晴天，在日光的照射下，层层叠退的白石座上千百个清晰的螭首的投影，犹如一幅色彩明快的水彩画；雨天，三层螭首的千龙吐水，胜似喷泉，更蔚为奇观。

　　紫禁城宫殿装饰艺术的特点是敢于暴露结构，不做遮掩，而且利用结构构件进行艺术加工供人欣赏，因而三台的排水方法不用暗管而用千龙喷水，其他如柱头上的雀替、斗拱、霸王拳等，都是具有结构功能又有雕刻艺术性的装饰构件。

门钉

太和殿　　　　　　　　　　太和门　　　　　　　　午门　　　　　　　　　→ N

阴阳五行学说的体现

中国古代的阴阳五行学说产生很早，著名的医学典籍《黄帝内经》中称"阴阳者，天地之道也"，认为一切事物都应分析为互相对立、互相依存的阴阳两面。譬如：方位中的上与下、前与后，数目中的奇数与偶数、正数与负数等，均由两种属性组成。它把上方、前方、奇数、正数归纳为阳，下方、后方、偶数、负数归纳为阴，认为在复杂的万物中，每样事物都包含着阴与阳的对立统一，所以《黄帝内经》把阴阳看成"万物之纲纪也"。

紫禁城的设计也体现了阴阳之说的运用。在紫禁城的外朝和内廷两大部分中，外朝属阳，内廷则为阴。因此外殿的主殿布局采用奇数，称为"五门""三朝"之制。而内廷宫殿多用偶数，如两宫六寝，两宫即乾、坤两宫（交泰殿系后来增建的），六寝即东西六宫，都用偶数，就是这

个原因。

阴阳学说中还有"阳中之阳"与"阴中之阳"之说。太和殿为"阳中之阳"，乾清宫则为"阴中之阳"，因而这两座大殿既有相同之点，又有相异之处。屋顶均用重檐庑殿式，室内天花正中均装有藻井，殿前均设御路，丹墀上均陈设日晷、嘉量等，这是"阳中之阳"与"阴中之阳"的共同点。但是外朝与内廷又有所区别，如乾清宫前半部的基台用须弥座和白石钩栏，而北部则为青砖台基，上面不用钩栏，而用低一等级的琉璃灯笼砖，这与外朝白石三台迥然不同。这就是"阳中之阳"和"阴中之阳"的区别。

古代建筑的设计，不仅取用了阴阳之说，还运用了五行之说。

"五行"二字在《尚书·甘誓》篇已有记载。《周书·洪范》篇中更具体地说明了五行的性质，并列出其次序——水、火、木、金、土。"五

行"是人们在生活实践中把最常接触的物质分析归纳为五大类。如方向有东、南、西、北、中五方，色彩中有青、黄、赤、白、黑五色，音阶中有五音，人体中有五脏，以及其他五味、五谷、五金、五气等。为清眉目，现将五行中和建筑有关的主要事物列表于下，见表①。

表①五色中的青色即绿或蓝色，为木叶萌芽之色，象征温和之春，方位为东，所以紫禁城东部的某些宫殿，如文华殿原为太子讲学之所，所以以前用绿色琉璃瓦顶，明嘉靖时因用途改变，才改用黄色。清代乾隆年间所建的南三所，系皇子的宫室。由于幼年属于五行中的"木"，生化过程属于"生"，方位在东方，故用绿色瓦顶。而太后、太妃的生化过程属于"收"，从五行来说，属于"金"，方位为西，所以从汉代开始，把太后宫室多放在西侧，历代宫殿的建筑均沿袭这个布

五行类别 具体事物	木	火	土	金	水
方位	东	南	中	西	北
五气	风	暑	湿	燥	寒
生化过程	生	长	化	收	藏
五志	怒	喜	思	爱	恐
五音	角	徵	宫	商	羽
五色	青	赤	黄	白	黑

表①

八卦示意图

顺序号	名称	简捷书法	表示 自然物	表示 方位
1	乾	☰ 乾三连	天	西北
2	坎	☵ 坎中满	水	正北
3	艮	☶ 艮覆碗	山	东北
4	震	☳ 震仰盂	雷	正东
5	巽	☴ 巽下断	风	东南
6	离	☲ 离中虚	火	正南
7	坤	☷ 坤六断	地	西南
8	兑	☱ 兑上缺	泽	正西

八卦示意表

局。紫禁城宫殿中的寿安宫、寿康宫、慈宁宫，都布置在西部，也是依照这个理论营建的。

　　与紫禁城同时建成的社稷坛，体现五行中的五色最为明显。它不仅在基坛上做出表现方位的五色土，而且坛的四周矮墙也按五行中的颜色做出各色的琉璃瓦顶，东方为青蓝颜色，南方为赤色，西方为白色，北方为黑色，中央为黄色。这样布置体现了古代五行中方位和色彩的关系。（见八卦示意图、八卦示意表）

　　阴阳五行学说如用符号来表示："——"代表阳，把一折为二，即"— —"，代表阴，用这两种线段排列三行，可以组合为八种形式，用以表示八种方位，同时还可以表示自然中的天、地、水、火、山、泽、风、雷八种自然物。以八个符号为基数，还可以排列出八八六十四种组合，因此把这个记录符号称为"八卦"。八卦

正阳门
大清门
天安门
端门
午门
太和门
太和殿
中和殿　　　　保和殿
乾清门　　　　乾清宫
交泰殿　　　　坤宁宫
坤宁门
钦安殿　　　　神武门
景山万春亭
地安门
鼓楼
钟楼

五行相生图

（北方）
水
（中央）
土
金　　　　　木
（西方）　　（东方）
火
（南方）

五行相生图

S

北京城中轴线主要建筑位置示意图

的八个方位（乾、坎、艮、震、巽、离、坤、兑）为五行的四个方位（木、火、金、水）增加了四个斜角方位，即所谓四正四偶，合为八方。风和水本来是建筑设计中所要考虑的课题，从日照、风向安排建筑朝向，尽量做到冬季背风向阳，夏季逆风纳凉，才是好的方位。所以在相地时多选择背山面水的环境。紫禁城的形胜也是如此。从宏观规划来说，北京北依太行（燕山），东临沧海（渤海），北高南低；对日照与排水都极有利。以紫禁城自身而言，北部地平要较南部高1米多，为了使宫殿前后出现背山面水的形胜，在城后堆出万岁山（景山），在城前挖引为金水河，既美化了宫前环境，又利于排泄雨水。这是和中国古代建筑重视水的来龙去脉的环境设计思想相符的，那就是在风水上要求水来自乾方，出自巽方。因此紫禁城里的内河才自西北（乾方）引入，沿内廷宫墙之外的西侧逶迤南行，至武英殿西侧转向东行，进入外朝的太和门的前方，自西向东而行。其出口在紫禁城的东南，属于八卦中的巽方。这条河的命名也与五行相联系，五行中金为西方，又因这条河位于紫禁城内，因此称为内金水河。

五行学说中的五色、五志和紫禁城中的建筑色彩也有很大联系。在五行学说中赤色象征喜，所以紫禁城的宫墙、檐墙也都用红色，宫殿的门、窗、柱、框也一律用红色，而且是银朱红色。坤宁宫的室内红色更为鲜明，朱红壁板上的"囍"字用沥粉贴金。可见紫禁城建筑色彩的运用受五行学说的影响之深。此外，在建筑上能够使用朱红颜色的就只有亲王府邸和寺庙了。而平民建筑的门柱多油黑色，只是在过年时贴红对联，结婚时用红喜字、红信笺、红服饰而已。

紫禁城南门——午门，不仅城台外墙、柱桓门窗为红色，其彩画也与众不同。一般的彩画，由于与下架油饰的赤红暖色对比，在檐下多用青

午门"吉祥草三宝珠"彩画

大清门外景（清末时拍摄）

绿的冷色，而午门位于紫禁城的正南方，从五行方位上属于火，所以午门用以赤色为主"吉祥草三宝珠"的彩画。根据正北方向，相应五行中属水的说法，而把紫禁城中最北面的建筑装饰，即钦安殿后面正中的钩栏板雕为波涛水纹，其他仍为穿花跑龙。

　　其次，五行中的黄色处于中央戊己土的部位，而五行中的土为万物之本，金黄颜色象征富贵，所以帝后的服饰也多用金黄色。清代以"黄马褂"赐给功臣，作为最高嘉奖；绝大多数宫殿的瓦顶以黄色釉瓦葺之，也是这个道理。

鼓楼、钟楼侧景

大清门（1901 年，H.C. 怀特摄）

正阳门外景

紫禁城主要建筑

2

城池

紫禁城，是明、清两代京城皇城内的宫殿，平面呈长方形，南北长961米，东西宽753米，周围广袤3 428米，占地面积达723 600多平方米。

紫禁城的城池，包括城垣、城门楼、角楼、护城河和一些守卫房舍，防卫设施严密、牢固。

从紫禁城城墙望景山

紫禁城的城垣，高7.9米，底面宽8.62米，顶面宽6.66米，上下有明显的收分。顶部外侧筑有雉堞，是古代城防的垛口。内侧垒砌宇墙，墙下每隔20米左右留一个返沟道嘴，以泄雨水。紫禁城的城垣，采用了外包砌城砖，墙心夯土垫实的做法，但又与普通城墙的外皮逐层缩磴不同。它的外皮先用三进城砖作挡土墙，而面砖则干摆灌浆，磨砖对缝，显得平整光滑，精细坚实。每块城垣的面砖，长48厘米，宽24厘米，高12厘米，重达48斤，共用砖约为1 200多万块，用的是山东临清窑的澄浆砖，质地坚硬。明代嘉靖年间，每块澄浆砖的价钱是白银二分四厘，从山东运到京城还得多加四厘运费，故城垣所耗费，仅面砖一项就需要白银三百万两。另外，每工每日只能磨砖20块，摆砌的速度也慢，这1200多万块城垣面砖比普通城砖的砌筑多费二十多万个工日。

紫禁城的四面有四座城门，上建城门楼阁。南为午门，北为神武门，

1900 年时紫禁城外观

东为东华门，西为西华门。每座城门楼下的墩台，都用白灰、糯米和白矾等做胶结材料，十分坚固耐久。墩台的中间，用砖砌出券门。墩台的两侧，各有磋磡（音擦）路面的马道，转折而上，通达城垣的顶面。

清代进出紫禁城的腰牌

腰牌是古代官员日常所配的身份符信，相当于今天的通行证。清宫腰牌多为木质，大小尺寸各异，正面烫有"腰牌"字样，由内务府制作。

晚清还有了铁质腰牌，上贴有纸，书写使用者的姓名、相貌、年龄等。随着照相技术的引进，出现了贴有使用者照片的腰牌，可基本防止冒名顶替的可能。

从景山南望紫禁城宫殿

午门

　　四座城楼中最壮观的是午门，紫禁城的正门，建成于明永乐十八年（1420）。重修于清顺治四年（1647）和嘉庆六年（1801）。午门的墩台，平面成整齐的"凹"字形，台高12米。台下正中有三个券门。文武百官从左门出入，皇室王公从右门出入，只有皇帝祀祭坛庙或亲征出入紫禁城时，才使用中央的券门。台的两翼有掖门，所以人们称午门的门洞是"明三暗五"。

　　正中的门楼，面阔九间（长60.05米），进深五间（宽25米），在建筑布局中达到了古代殿堂中"九五之尊"的最高等级。上覆重檐庑殿顶，自城台地面到脊吻，高达37.95米，是紫禁城内最高的建筑。城台上两侧，各设廊庑十三间，门楼两翼向南排开，俗称雁翅楼。在雁翅楼的两端，各设有一座重檐攒尖顶的阙亭。整个城台上的建筑，三面环抱，五峰突出，高低错落，主次相辅，气势雄伟，有"五凤楼"之称。

　　午门共有五个门洞，当中的正门，只有皇帝才能出入。皇后在成婚入宫时可以走一次，再是殿试的时候，宣布中了状元、榜眼、探花的三人出来

南望午门城楼（午门城楼背面）

时可走一次。宗室王公、文武官员只能走两侧门。东西两拐角处左右矩形洞，平时不开，只有在大朝的日子，文东武西，分别由掖门出入。再是殿试文武进士，按会试考中的名次，单数走左掖门，双数走右掖门。另外，明朝廷处罚廷杖大臣即在午门前的御路东侧举行。

午门外景

午门正面

雁翅楼

午门左右城墙向前伸出成凹形，它是以一座重檐九间的正楼和东西各两座阙亭相连而成，形如雁翅，俗称五凤楼。

◎《康熙南巡图》

午门前有一个很大的广场，每遇皇帝颁朔（每年十月初一颁发第二年的历书）、宣旨及百官常朝，都聚集于此。

国家征讨、凯旋还朝进献战俘时，皇帝还亲临午门受献俘礼，并规定每月初五、十五、二十五日是常朝的日子。是日，如果皇帝御殿，群臣在太和殿前行礼、奏事。如果皇帝不御殿或不在京，王公大臣到太和门外、王公以下的官员只在午门前御路两旁分东西班坐班，如果没有大事，纠仪官查过班后，王公等从午门出来，大家即可散去。

康熙在位的六十一年间，曾六次巡视江南。王翚等人绘制的《康熙南巡图》是对第二次南巡的记录。康熙二十八年（1689）正月初八起程离京，二月初九日到达浙江杭州，三月初九日回到北京。《康熙南巡图》共十二卷，第十二卷是描绘康熙南巡归来回京进宫时的盛况。

画卷首先是"瑞气郁葱，庆云四合"的太和殿，接着是太和门、金水桥和午门。整个紫禁城内，除太和门前有三十余人侍候着一顶乘舆外，别无其他人物，寂静、空阔的情景，更显出皇宫的肃穆，午门之外至端门内，整齐地排列着四列队伍，前面两列是卤簿，后面两列是在京的各部院王公大臣，在等候康熙的归来。

王翚（1632—1717）

明末清初画家，与王鉴、王时敏、王原祁合称"四王"，康熙三十年（1691）奉诏绘制《康熙南巡图》，历时三年完成，受到皇太子胤礽召见。

《康熙南巡图》第十二卷局部

神武门、东华门、西华门

神武门是紫禁城的北门。明永乐十八年（1420）建成的时候，名曰玄武门。到了清代，因为同康熙皇帝玄烨"名讳"，而改名为神武门。清代每逢大选秀女，都在神武门内进行。门楼五楹，重檐庑殿顶，内陈钟鼓，与钟楼和鼓楼相应，用以起更报时。

黄昏后钟楼鸣钟一百零八声，而后起更，起更敲鼓，打钟击鼓至次日拂晓复鸣钟，每日钦天监派员上神武门楼上指示更点。

紫禁城东西两侧，分别是东华门和西华门，门外置下马碑。东华门平时是朝臣及内阁官员进出宫城的地方，除了皇帝的殡宫、神牌经此门出入外，皇帝一般不使用它。皇帝和后妃由京西苑囿还宫，走的是西华门。

神武门外望景山（1900年摄）

东华门城墙

神武门正面

下马碑

东、西华门都立有这样的下马碑，是高约4米、宽约1米的石碑。碑身正背面镌刻满、蒙、汉、回、藏五种文字，汉字是"至此下马"。另午门的左、右阙门外也各有一座下马碑，碑身正面镌刻汉、满、藏三种文字，汉字是"官员人等至此下马"八个楷体字。到达下马碑前，文官下轿，武官下马，不得逾越，然后毕恭毕敬地步入。这种规定是皇宫门卫森严、皇权至上的一种标志。

神武门慢道（俗称马道）

神武门内墩台的两侧有通道，由地面转折而上，是通向城楼和城垣顶面的交通要道。紫禁城的城垣、城楼、角楼都是防御性的建筑物，为了车马护军通行方便，通道不用阶梯式踏跺，而是将大城砖砌筑成斜面锯齿形磋礓式坡道路面。

角楼

　　紫禁城城垣上四隅，各矗立一座角楼。在古代城堡中，角楼是供登临瞭望的防卫性建筑，但明清时期紫禁城上的角楼装饰意义比较大。角楼的中央是一个三开间的方形亭楼，四出抱厦，顺城垣方向的两面要比城垣转角尽端的两面伸长一些，这样既富于平面布置的变化，又同城垣的地位相协调。从立面造型来看，角楼模仿的是宋画中的黄鹤楼和滕王阁。

　　角楼平面呈曲尺形，屋顶是三重檐（三滴水式）。上层檐由四角攒尖顶和歇山式顶组成，四面亮山，正脊纵横交叉，中间安铜镀金宝顶。中层檐是采用抱厦和亮山相互勾连的歇山顶。下层檐采用半坡顶的腰檐，多角相连的屋顶。角楼屋顶用七十二条脊相衔接，纵横连贯，多角交错，造型

角楼正面

复杂而美观，而且建筑在沉实、简单、长且平的城墙上，外观显得上浮下紧，颜色则下素上彩，这种对比的配置更增加了角楼的气势，是中国古代建筑艺术的杰作。

从左至右：
宋画《黄鹤楼图》
宋画《滕王阁图》

角楼纵剖面图
单位：米

角科斗拱中线　平身科斗拱中线

5.55

角梁　金瓜柱　金桁　脊瓜柱　后尾压科枋　正心桁中线　挑檐桁中线
由戗　脊枋　脊桁　脊桁　扒梁　顺梁

2.69
2.69

老檐椽　飞檐椽

角科斗拱中线　平身科斗拱

9.60
7.05

挑檐桁　正搏心脊风桁　穿风脊枋　金瓜柱　金桁　脊瓜柱
承椽枋　由戗　抱金桁　草架柱　脊桁

老檐椽　飞檐椽

角楼细部图
单位：米

3.00　3.95　1.58　8.96　1.58　1.58
2.23　3.98　1.60　8.44　1.59　1.60
3.98　1.57　5.59　1.57　1.60

0.70 0.75 0.73 0.73 0.75 0.80 0.74 0.83
0.83 0.82 0.82 0.78 0.78 0.82

垫白板宽0.17
5.07
8.20
13.96

5.07　8.20　13.96

0.82 0.82 0.85 0.82 0.80 0.86 0.84 0.85

2.53

0.70 0.74 0.74 0.74

1.01

1.01

1.00 0.76 0.81 0.85 0.85 0.84

柱子直径0.425

1.04 0.92 0.81 0.77 0.71 0.73 0.74

1.01 1.00 0.98 1.01

0.74 0.76 0.98

0.74 0.74 0.76

3.98　1.57　5.59　1.57　1.60
3.98　1.60　2.94　2.56　2.94　1.59　1.60
3.95　1.58　3.02　2.92　3.02　1.58　1.58

角楼本层平面图
单位：米

角楼局部

角楼是屹立在紫禁城城垣四隅上的特有建筑，坐落于须弥座上，周边绕以石栏，结构精巧，在最顶部十字脊镀金宝顶以下有三层檐，七十二条脊，上下重叠，纵横交错，造型玲珑。

外望角楼

护城河

紫禁城城垣的外围有一条52米宽的护城河,深达6米,陡直的驳岸都用条石垒砌,因此俗称为筒子河。高大的城垣、宽深的护城河是紫禁城卫护的重要设施,紫禁城背后的景山,也成为紫禁城的屏障。明、清两代紫禁城的四门都有重兵拱卫,昼夜把守。在护城河内侧和城垣外墙之间,建立守卫系统。明代,在紫禁城四周砌筑看守红铺四十座。紫禁城不仅在城外有巡更制度,在宫内也划分几个大的区域进行摇铃或传筹巡更。清代,在

护城河

东、西、北三面的护城河内侧，还建有守卫围房七百三十二间，警卫森严，一般人无法接近。

外望护城河

外朝

外朝，是明清两代皇帝办理政务、举行朝会的场所。以坐落在紫禁城中轴线上的三大殿和左辅右弼的文华、武英殿为主体，再包括沿城墙南垣的办事机构内阁以及档案库、銮仪卫等大库。

三大殿，是太和殿、中和殿和保和殿的合称，它们占据了紫禁城中最主要的空间，面积达85 000平方米，在建筑设计和艺术构思上，以其宏伟的规模、威严的气势、富华的装修和神秘的色彩，成为紫禁城中最突出的建筑群。

清世祖福临画像

三大殿又称前三殿，是外朝的中心区域。三大殿的平面组合，各以太和殿和保和殿为主，运用传统一正两厢合为一院的组合原则，围成两个封闭的庭院，各有其独特之处。但由于保和殿和太和殿同立于一个崇高广大的"工"字形石陛上，两殿各在一端，在"工"字之中加上较小的中和殿，使三大殿凝成一体，使人在感觉上不似在四合庭院之内。

三大殿的造型艺术也是非常讲究的。一首一尾的太和、保和二殿都是矩形平面，而中间布置一个较矮小的方亭——中和殿，成马鞍形，在平面上调剂两个矩形平面的呆板；同时在重檐庑殿和重檐歇山两殿间出现单檐四角攒尖的鎏金宝顶，使三大殿造型不同，高度有别；兼且高低错落的曲线，在立面上收到丰富多姿的效果。

三大殿这一组建筑群的左右，又建有文华殿和武英殿。这两座大殿都是"工"字形的平面，单檐歇山顶，拱卫着三大殿。文华殿是皇帝举行经筵的宫殿。举行经筵前一天，皇帝到文华殿东的传心殿向孔子牌位祭告。经筵当天，再从乾清宫乘舆入文华殿升宝座，听讲官进讲。

前朝三大殿全景

三大殿位置图

武英殿外景

文华殿外景

武英殿在明代是皇帝斋居和召见大臣的宫殿。明末农民起义领袖李自成进入北京后，在这里办理政务。清代乾隆年间，这里成为宫廷修书、印书的地方。所印的书，称为殿本书。

武英殿之南，有三间歇山顶的小殿，即南薰殿，是存放历代帝王像的地方。这座小殿不仅有明代的木构架与天花藻井，而且保留了明代的彩画，是建筑史上很有价值的实物资料。

三大殿总横剖面图

单位：米

太和殿　　　　中和殿　　　　保和殿

太和门

　　三大殿的前引，是太和门。它面阔九间，进深四间，是紫禁城中最雄伟高大的一座宫门。每当皇帝出紫禁城午门，也先由宫里乘舆到此，而后改乘銮辇出城。清朝入关后的第一个皇帝于顺治元年（1644）九月进入紫禁城不久，在这里颁布了大赦令。

　　太和门的左右有昭德、贞度二门，同东西两翼的协和、熙和二门及南面的午门用连排的庑房相互联系，围成一个 26 000 平方米的广场。广场上清澈的金水河自西蜿蜒而东，上架五梁虹桥，桥侧与河畔砌有洁白的汉白玉栏杆。

　　明朝规定，文武官员每天拂晓到奉天门早朝，皇帝也亲自来受朝拜和处理政事，叫"御门听政"。景泰年间，还规定有午朝，在奉天门东庑的左顺门（今协和门）举行，门南即内阁办事的公署。左顺门对面的右顺门，明代也是百官奏事之所。清初，皇帝也

太和门正面

曾在太和门受朝、赐宴，但"御门听政"则移至乾清门。在清代，太和门东庑为稽察钦奉上谕事件处，内阁诰制房和内阁办事地方；西庑为翻书房，起居注馆和膳房库。

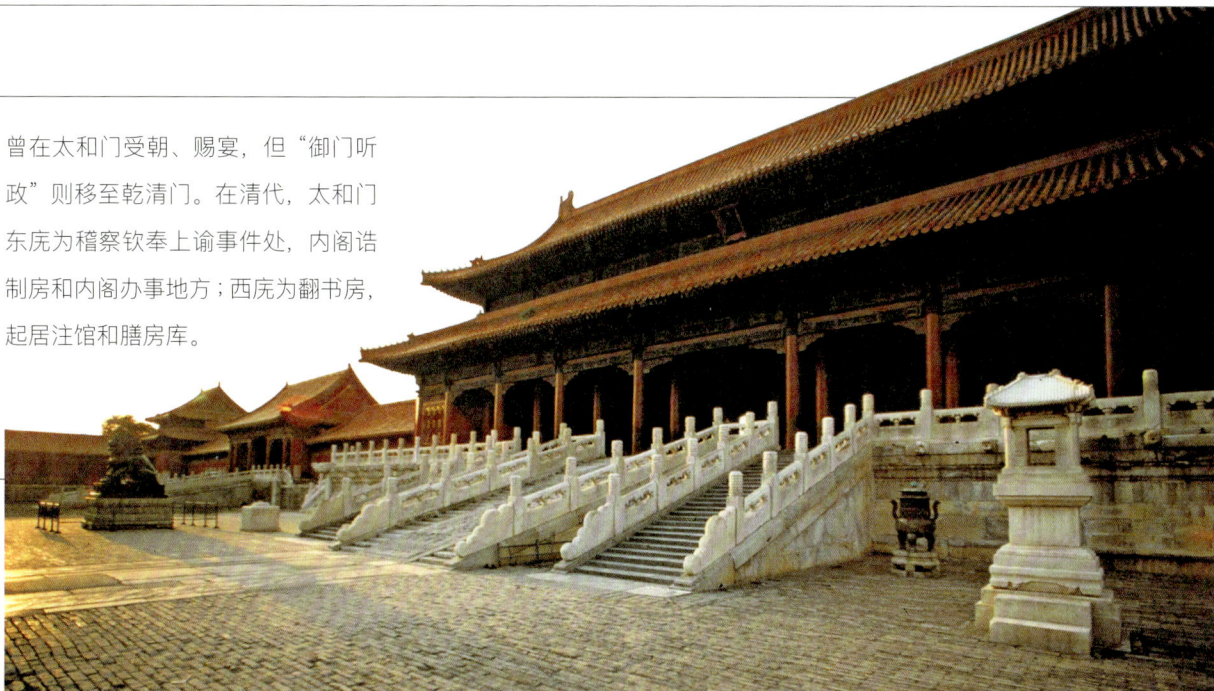

黄昏时分的太和门

太和门广场及内金水桥

午门内，在规制严整的庭院中，一条玉带形的内金水河从西向东流过，跨过雕栏玉砌的内金水桥，迎面便是雄伟的太和门。太和门明初称奉天门，后称皇极门，清初才称太和门。现所见的太和门是清光绪年间重建的，全高 23.8 米，是紫禁城内最大、最高、装饰最华丽的门。

　　三大殿前后起伏，变化有致，又有太和门作引导，同时在院落空间的建筑组合设计上，也颇具匠心。三大殿的四周，都用门庑环绕，四角是重檐歇山顶的崇楼，殿前有体仁阁、弘义阁，左右陪衬，对称齐整。

　　太和殿前是一个宏大的广场。遇到朝典，皇帝升殿，其余的人只能候立在太和殿外。丹陛上跪伏的是亲王，丹墀（音池）下沿御路两旁的十八对刻有官阶的品级山后，是文武官员列队跪拜行礼的地方。称作"卤簿"的仪仗队伍，则从太和殿前向南，往太和门、午门、端门，一直排列到天安门外。

太和门明梁及天花

紫禁城内陈设铜狮子

紫禁城内陈设铜狮子，不仅显耀宫廷的豪华，而且用以显示封建君主的"尊贵"和"威严"。这些铜狮分散在六处，每处都是一对。这六处是太和门前、乾清门前、养心门前、长春宫前、宁寿门前和养性门前。六对铜狮子以太和门前的一对最大，但没有鎏金，其他五对是鎏金的。铜狮造型生动，栩栩如生。

《皇帝法驾卤簿图》局部

卤簿，是皇帝天子的仪仗队。其制度累代相沿，每有增补，以唐、宋时期最盛。宋神宗时，皇帝的大驾卤簿，用人多至 22 200 多名。清朝卤簿，承袭明制，虽有所削减，但康熙时也约用 3 000 多人。清朝前期，卤簿制度有所变动，至乾隆初年才规定下来。据《大清会典》规定，皇帝的仪仗称卤簿，皇后、皇太后的称仪驾，皇贵妃、贵妃的称仪仗，妃嫔的称乐仗。

皇帝卤簿有四种，一是大驾卤簿，规格最高，其次是法驾卤簿、銮驾卤簿和骑驾卤簿，各有不同用途。

朝会是清代宫廷中一项最为隆重的典礼活动。在举行朝会仪式的清晨，由銮仪卫把法驾卤簿陈列太和殿前。法驾卤簿由五百多件金银器、木制的斧、钺、爪、戟等武器以及伞、盖、骑、纛（音到）等组成，排列起来非常壮观。

此图为嘉庆时宫廷画家所作，为长卷画，所陈列卤簿从天安门起，经端门、午门直达太和殿前。这是其中午门至太和门的一段。

台基

　　三大殿依次修建在同一个高达8.13米的台基上。台基上下重叠三层，俗称"三台"。每层都为须弥座形式，上有汉白玉栏杆。每根望柱头上都雕有精美的云龙和云凤纹饰。每根望柱下的地栿外侧，伸出一个叫"螭首"的兽头。一到雨天，三台上的雨水从数以千计的螭口内喷出，层层叠落，形成千龙喷水的奇景。

　　三台平面呈"干"字形，面积达25 000平方米。前后阶陛中间设有雕刻龙云路石，其中以保和殿后的御路石最长，它用一整块长16.57米、宽3.07米、厚约1.7米的青石雕刻而成，重达250多吨。

三大殿台基俯视图

铜龟

香炉

嘉量

铜鹤

日晷

螭首

太和殿台基及雕铸品位置示意

在三台南部，太和殿前的丹墀上陈设了许多雕铸品。太和殿前丹陛上陈列有象征江山永固和一统的铜龟、铜鹤、日晷和嘉量。其中，日晷是古代的计时器，以带刻度的圆石盘上的铜针的阴影来指示时辰；嘉量里存放着古代容积的综合标准量器——斛、斗、升、合、龠；铜铸的龟和鹤，在古代被认为是祥瑞的动物，象征江山永固和太平，并称颂皇帝万寿无疆。在龟和鹤的腹内还可以燃香，烟从口吐出，构造巧妙精细。

太和殿丹陛上吐烟铜龟

铜龟和铜鹤的背项有活盖，腹中空，与嘴相通，太和殿举行盛大典礼时，于铜龟和铜鹤腹内燃点上松香、沉香、松柏枝等香料，青烟自铜龟和铜鹤口中袅袅吐出。另大铜炉香烟缭绕，增加了神秘和庄严的气氛。

太和殿丹陛上铜鹤

嘉量

铜制鎏金,方形,放在白石亭之中。这是乾隆九年仿照唐代嘉制的象征性量器。中间有大斗,两旁有小耳,可以上下使用,斛、升、合(音革)三个量具在上面,斗、龠(音月)两个量具在下面。

日晷

石座上斜放圆盘,盘上刻出时辰,中间立铜针,和盘面垂直。利用太阳的投影与地球自转的原理,看出阴影指出的时辰。

香炉

前三殿·太和殿

太和殿是明、清两代皇帝举行朝政大典的主要活动中心，明初称奉天殿，嘉靖年间改称皇极殿，清初又改名太和殿。皇帝登基、万寿、大婚、册立皇后，都在这里行礼庆贺，所以在建筑设计上用重点突出的手法，极力表现其庄严高贵，这在中国古代建筑中是与长陵祾恩殿（明长陵，是十三陵中的首陵，也是其中规模最大、

保存最完整的）规模相似，无独有偶的最大的木构建筑。太和殿是紫禁城内最大的殿堂，也是中国木结构古建筑中规格体制等级最高的建筑。

太和殿面阔九间，外加侧廊计十一间，其柱中的通面宽60.01米，进深五间，达33.33米，建筑面积（按台基算）约2 377平方米，全高35.05米，是中国古建筑中开间最多、进深

最大、屋顶最高的一座宫殿，比正阳门还要高出1米多。

殿的立面采用了重檐庑殿顶。殿的斗拱为单翘三昂，也是中国木构建筑中出现最多的。屋面上的走兽数，一般最多的为九个，这里又增加了一个"行什"，成为中国檐角走兽最多的孤例。

太和殿匾额

太和殿横剖面图
单位：米

太和殿纵剖面图
单位：米

明、清两朝每年元旦、冬至和皇帝生日三大特殊日子，皇帝均在这里接受文武百官朝贺并赐宴等，平时是不使用的。

就明朝的元旦朝贺大典来说，场面很大。当日天亮以前，锦衣卫、教坊司、礼仪司、钦天监的有关人员、纠仪御史、鸣赞官（司仪）、传制官及宣表官等要事先进入岗位。大约在日出前三刻时捶一鼓，文武百官在午门外排班站好等候。捶二鼓，由礼部导引入太和殿广场内东西部，面北而立。这时，皇帝穿礼服乘舆出宫，午门鸣鼓，先到华盖殿升座。捶三鼓后，中和韶乐奏《圣安之曲》，皇帝升奉天殿宝座，乐止。然后陛下三鸣鞭（用丝制的长有数丈的大鞭，抖起来啪啪作响），文武百官按正、从九品分十八班站好，各有木牌作标志（清代改用铜铸品级山）。接着丹陛大乐奏《万岁乐》，文武百官行四拜礼，大乐止。接下去便是例行公事的进表、宣表、致词，最后是搢笏（音进户，把手里拿的笏板插在腰里）鞠躬，三舞

太和殿广场上的仪仗墩

蹈，跪，在场军校等各方面人员一起山呼万岁、万岁、万万岁！然后百官起立，出笏。再俯伏，丹陛大乐奏《朝天子》，百官四拜，大乐止。中和韶乐奏《安定之曲》，皇帝降回华盖殿，典礼完毕。

位于太和门和太和殿之间的是太和殿广场，面积3万多平方米，是紫禁城内最大的广场。一条以巨石板铺墁的甬道位于中间，疏朗的广场里，除中间甬道两侧嵌入地面的"仪仗墩"以外，别无其他点缀。由于素平的"海墁"砖地与周围相对较低矮的门庑衬托，更显得广场广阔，中央的太和殿更突出。置身其间，真有一种"天高地宽"的感觉。

清代于太和殿举行重要典礼时，殿前御路两旁各摆设铜铸的品级山作为文武百官行礼时应站位置的标志，不得逾越。仪仗墩砌于广场前墁砖地上，左右各一列，是太和殿举行大典时仪仗队按墩站班的标志。

品级山

清代文武官员朝班位次之标识，以金属铸之，状如山形。高约30厘米，中空，底面呈扁圆形，长约39厘米，短径约24厘米，上嵌满汉字品级阶位。每举行典礼之时，摆列太和殿前丹墀内御路两旁，东西各两行，每行自正、从一品至正、从九品，各十八座，总共七十二座。

太和殿前的铜铸品级山

弘义阁黄昏

太和殿的装修采用金扉、金琐窗。殿的正中是镂空透雕的金漆基台与宝座。正对宝座上方是雕着口衔宝珠的蟠龙藻井，其余全是金龙图案的井口天花。宝座后面有屏风和翠翟（后妃的礼服），宝座两侧有六根盘龙大金柱，金碧辉煌，光彩夺目。

殿内面积2 370多平方米。外梁、楣是贴金双龙和玺彩画，宝座上方是金漆蟠龙吊珠藻井，靠近宝座的六根沥粉蟠龙金柱直抵殿顶，上下左右连成一片，金光灿灿，极尽奢华。

太和殿平面图

单位：米

太和殿宝座台基一角

太和殿宝座前香炉

太和殿内景局部

太和殿内四个龙柜之一

太和殿内的镂空金漆宝座及屏风设在有七层台阶的高台上。宝座上设雕龙髹金大椅，是皇帝的御座。椅后设雕龙髹金屏风，左右有香几、香筒、角端等陈设。宝座前面在阶陛的左右还有四个香几，香几上有三足香炉。当皇帝升殿时，炉内焚起檀香，香筒内插藏香，于是金銮殿里香烟缭绕，显得更加肃穆。殿内原有乾隆所题匾额"建极绥猷"以及左右联，1915

太和殿宝座靠背

年袁世凯篡权称帝时拆掉。前三朝和后三宫各大殿上的宝座，都是坐落在北京城的中轴线上的。

宝座椅背两柱的蟠龙十分生动，特别是组成背圈的三条龙，完全服从背圈的用途，又不影响龙蜿蜒擎空的姿势。椅背采用圈椅的基本做法，座下不采用椅腿、椅撑，而采用"须弥座"形式，这样就兼顾了龙形的飞舞和座位坚实稳重的风格。

太和殿宝座龙椅扶手

太和殿宝座底座

太和殿宝座靠背上的龙头

太和殿宝座

◎《光绪帝大婚图》

《光绪帝大婚图》局部

光绪帝（载湉）于光绪十五年（1889）与副都统桂祥之女叶赫那拉氏结婚。结婚之前一年，慈禧太后即命筹办大婚典礼的事，任命内务员外郎庆宽，要他把结婚典礼的仪式按次第制成图册，呈上审阅。这本画册——

《光绪帝大婚图》，即按清廷皇帝结婚的仪式，将凤舆及仪仗队所经过的地方，一段一段地画出。这是经过太和门时的情况。这些画虽未注明作者，但都是出自当时宫廷画家之手。在清朝入关后的十个皇帝中，末代皇帝宣统在清亡时尚不满六岁，不能成婚立后。而婚后即位的有雍正、

乾隆、嘉庆、道光和咸丰五个皇帝。在紫禁城内举行大婚礼册立皇后的，只有幼年即位的顺治、康熙、同治和光绪四个皇帝。太后和近支王公大臣通过议婚选定皇后，然后再行纳彩礼、大征礼、册立、奉迎礼、合卺礼、庆贺礼和赐宴礼等名目众多的繁缛礼仪。皇帝大婚中最隆重的仪式

是册立、奉迎礼。这一天，宫内一片喜气洋洋，各处御道上都是毛毡铺地、门神、对联等，焕然一新。午门以内的各宫门、殿内都是红灯高照，太和门、太和殿、乾清宫、坤宁宫都悬挂了双"喜"字彩绸。皇帝大婚耗用的隐蔽财物，真是奢侈靡费，无法计算。

前三殿·中和殿

中和殿位于太和殿后，是皇帝亲临太和殿大典前暂坐之处，在此翻阅表具奏书，接受内阁、内务府、礼部和侍卫等执事人员的跪拜行礼。它的四面均为五间，呈正方形，单檐攒尖顶，上具鎏金宝顶，建筑轮廓甚为奇特。

中和殿明初称华盖殿，嘉靖年间称中极殿，清初称中和殿，呈正方形殿。在大典中它是为太和殿的正式活动做准备的地方。明、清两朝皇帝每

中和殿内肩舆

年春季祭先农坛、行亲耕礼，在祭祀和亲耕之前，要在中和殿阅视祭祀用的写有祭文的祝版和亲耕时用的农具。祭祀地坛、太庙、社稷坛的祝版也在这里阅视。另在给皇太后上徽号

时，皇帝要在此阅奏书。清朝规定每十年纂修一次皇室的谱系——玉牒，每次修好，进呈给皇帝审阅时有比较隆重的仪式，也在中和殿举行。有的皇帝有时也在此做个别召见或赐食。

中和殿正面全景

前三殿 · 保和殿

三大殿最后面的一座是保和殿，在清代是皇帝宴请王公、举行殿试的地方。在建筑设计上，它延续了宋、元建筑的"减柱造"法式，省去宝座前的六根金柱，争得较为开阔的空间。屋顶为重檐歇山。殿内装修、陈设偏重丹红色，呈现一派荣华富贵的景象。

明初称谨身殿，嘉靖年间改称建极殿，清初改称保和殿。清代常在保和殿举行宴会，此处也是乾隆五十四年（1789）后举行科举制度的最高一级考试——殿试的地方。

在保和殿后、乾清门前的道路，也叫横街。东西长，南北窄。广场东端的景运门和西端的隆宗门，是进入内廷的第一道禁门。清朝规定，除去值班大臣或皇帝召见的人以外，即使是王公大臣也不许私自出入。允许进入的王公大臣的侍从人员，只能在这两个门外台阶下二十步以外站立，不许靠近，戒备森严。

保和殿外景

保和殿内宝座

内廷

　　紫禁城的后半部是封建帝王及其家属居住的地方，称为后寝。其中宫殿、园林、楼、台、亭、阁栉比相连，布局紧凑。每座庭院除有院墙门庑环绕外，又用高大的宫墙围成更森严的内部禁区，所以通称内廷。

　　内廷大致可分帝、后的寝宫——后三宫，后妃宫室——东、西六宫，清雍正以后的皇寝宫——养心殿，太上皇宫殿——宁寿宫，太后太妃宫殿，太子宫室等六组宫殿区。

乾清门广场

　　内廷的主要建筑是乾清宫和坤宁宫。因为这两座建筑是帝、后的寝宫，所以建在紫禁城的中轴线上，与外朝的三大殿并称为"三殿两宫"，构成紫禁城的核心。

　　所谓"两宫"，指的就是内廷的乾清宫和坤宁宫。约于明代嘉靖年间，在两宫之间又增加建了方形、单檐、四角攒尖的交泰殿，于是后来又有"后三宫"之称。

　　乾清门，是内廷的正门，清朝，这里是御门听政的地方。御门听政，一般从上午八九点钟开始。听政时，皇帝坐在临时安设在中间的宝座上，起居注官立于西侧，面向东，翰林、科道官（类似负责监察的官）立于阶下西侧，内阁事先传知的各部、院等奏事的官员跪在东侧，面向内。一般例行之事，由一名尚书跪奉奏疏放于黄案上，退回原位，跪奏某事，奏毕，由东阶下，以下各官再依次进奏。机要之事，翰

后三宫侧照

后三宫位置图

从保和殿后北望乾清门

林、科道官及侍卫皆退场，大学士、学士升阶跪，由满族内阁学士奉折本跪奏，每奏一事，皇帝即降旨，大学士、学士承旨。御门听政最勤的康熙皇帝，有很多大事都是在御门听政时决定的。咸丰朝以后就没有再举行。

后三宫

从左到右，依次为乾清宫、交泰殿、坤宁宫。后三宫的建筑规格和体制比前朝三大殿略小一些，按传统说法：乾清宫的"乾"代表天，坤宁宫的"坤"代表地，"乾清""坤宁"表达了历代帝皇的美好愿望。所以，这两个名称从南京到北京，从明初到清末，一直沿用不改。

后三宫·乾清宫

乾清宫在明代和清初是皇帝居住的地方，这是一座九开间的重檐大殿，自明代永乐十九年（1421）建成后，历经明代弘治、正德、嘉靖、万历以及清代顺治、嘉庆等朝的重建和翻修。

现在乾清宫的建筑构件大多是清代嘉庆二年（1797）重建后的遗物，布局仍是明初初建时的原状。这一区建筑，周围有四十间门庑环绕，东庑有端凝殿，是收藏皇帝冠袍带履之所。西庑的懋勤殿，是皇帝读书和阅批本章的地方。南庑东端有翰林值班解答皇帝咨询的地方——上书房，西端有皇子读书的地方——南书房。

北端的门中还有寿药房、总管太

乾清宫前的江山社稷方亭

乾清宫

明朝皇帝的寝宫。皇后也在此居住，其他妃嫔可以按照皇帝的召唤依次进御。后来皇帝有时也在此见臣工。明代著名的"红丸案"和"移宫案"都发生在此处。

监值班房、库房等。清朝入关以后，把乾清宫加以重修，还是做皇帝的寝宫，但是在使用上有了很多改变。顺治、康熙年间，皇帝临朝听政、召对臣工、引见庶僚、接见外国使臣以及读书学习、披阅奏章等都在这里。雍正皇帝将寝宫移至养心殿以后，这里主要就成为内廷典礼活动、引见官员、接见外国使臣的地方了。

乾清宫前的日晷

乾清宫前的香炉

清代皇帝每逢元旦、元宵、端午、中秋、重阳、冬至、除夕、万寿等节日，都会在乾清宫内举行内朝礼和赐宴。

另外，在乾清宫还举行过两次特殊的大宴，就是康熙六十一年（1722）和乾隆五十年（1785）的两次千叟宴。皇帝命年在六十岁以上的人参加。乾隆五十的那次有三千人参加。其中大臣、官吏、军士、民人、匠艺等各种人都有，每人还赐予拐杖等各种物品。

皇帝确定继位人的方式，从前大都是先立太子（一般是皇帝的嫡长子），在皇帝死后继承帝位，也有的是在临死前指定继位人。但清代雍正皇帝鉴于这样做的弊病，就改变了方式，即事先秘密写继承皇位人的姓名两份，一份带在身边，一份封在建储

乾清宫内宝座

匣内，放到乾清宫"正大光明"匾的后面。皇帝死后由顾命大臣共同打开身边密藏的一份和建储匣，会同廷臣一同验看书皇子的名字，则宣布由这个皇子即皇位。不过到清朝后期，咸丰、同治、光绪三朝，由于只有一个儿子或无儿子而没有采用这个方法。

乾清宫，还是皇帝死后停灵的地方。不论皇帝死在哪里都要先送到乾清宫来。如清顺治皇帝病死在养心殿，康熙皇帝病死在畅春园，雍正皇帝病死在圆明园，都是在乾清宫停灵，按照仪式祭奠以后，再停到景山的寿皇殿或观德殿等处，最后选定时间正式出殡，葬入皇陵。

乾清宫宝座局部

后三宫·交泰殿

交泰殿,始建于明代。到了清朝,是皇后在三大节等日子里受朝贺的地方。朝贺时,皇贵妃、贵妃、妃、嫔、公主、福晋(亲王、郡王、世子、贝勒之妻)、命妇(有封诰的二品以上大臣之妻)等都要在这里行六肃三跪三叩礼,然后再由皇子行礼。

乾隆及以后,这里还一直是存放"二十五宝"的地方。二十五宝,是乾隆皇帝规定的皇帝行使各方面权力的宝玺。其中"大清受命之宝""皇帝奉天之宝""大清嗣皇帝之宝"、满文的"皇帝之宝"四颗,是在清朝入关以前用过的,其他都是乾隆皇帝按不同用途制作的。

交泰殿外景

二十五宝中，常用的有指示臣僚的"制诰之宝"，发布政令的"敕命之宝"，颁发赏赐的"皇帝行宝"等。这些宝玺由内阁掌握，由宫殿监的监正管理。用的时候由内阁请示皇帝，经许可才能使用。

陈放在殿内东侧的是中国古代的计时器。乾隆以后不再使用，而改用大自鸣钟做计时器。

交泰殿内铜壶滴漏

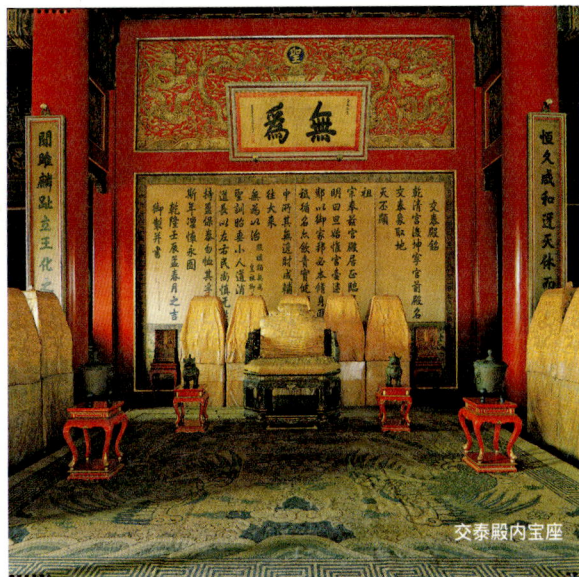

交泰殿内宝座

后三宫·坤宁宫

坤宁宫的规模略小于乾清宫，但体制相同，也是重檐大殿，与乾清宫、交泰殿同建在"工"字形的台基上。明代和清初，坤宁宫是皇后居住的地方。清顺治十三年（1656），按满族习俗，仿沈阳宫殿中清宁宫的形制，把坤宁宫原有的明代菱花隔扇改为窗户纸糊在外的吊塔窗，把中间的正门移到东次间，改为双扇木板门，西侧室内增添了大炕与煮肉大锅，作为崇奉萨满教的祭祀场所。坤宁宫东侧，后来作为皇帝结婚洞房，康熙、同治及光绪帝大婚时都在这里住过。

坤宁宫内明间和西部南、西、北三面是环形大炕，这是清朝重修坤宁

坤宁宫侧影

在明朝是皇后居住的正宫。清朝，按规定也是皇后的正宫，但皇后实际并不住在这里。坤宁宫的装置不同于其他大型宫殿，即正门开在偏东一间，直条窗格，并且是吊窗。

宫时按照东北满族的习惯改建的，清宫在这里祭神，每天有朝祭、夕祭，平时由司祝、司香、司俎等人祭祀，大祭的日子皇帝皇后亲自参加。

坤宁宫内萨满教祭祀场所

所祭的神包括释迦牟尼、关云长、蒙古神、画像神等，多至十五六个。祭祀时要进糕、进酒、杀猪、唱诵神歌，并有三弦、琵琶、祷鼓、拍板等伴奏。平时每天宰猪四口，春秋大祭时宰三十九口。每年用七百多石红黏谷做糕酒，而且就在宫内杀猪、煮肉、做糕，就地吃肉。

从坤宁宫望御花园

坤宁宫后面是坤宁门，门内周围的廊庑是太医值房、药房和太监值房。出坤宁门就是御花园了，但在明朝初期，坤宁门不在这里，而是在钦安殿的后面，即现在的顺贞门，明嘉靖时才改在这里。可见当时的御花园是和后三宫连在一起的，所以当时叫宫后苑。

坤宁宫内东暖阁，是皇帝大婚时的洞房。清代皇帝康熙、同治、光绪，以及宣统在辛亥革命后大婚时，都以这里做洞房。住过三夜之后，就迁居东西六宫中指定的一个宫中去。房中整堵墙均用红漆髹成，悬双"喜"字宫灯，出入是鎏金页的大红门上也有金色双"喜"字。门房墙上一幅大对联直落地面。从坤宁宫正门进入东暖阁以及洞房外东侧通路，耸立着一座大红地金色双"喜"字木影壁，取帝后合卺（音仅）"开门见喜"之意。

东暖阁靠北墙是龙凤喜床，床上挂着五彩纳纱百子幔，上绣"百子图"。喜床上铺着厚厚实实的红缎龙凤大炕褥。

坤宁宫内东暖阁

坤宁宫内洞房

坤宁宫内洞房之喜床

东、西六宫

东、西六宫分布在后三宫左右，是皇妃的宫室。它们是一些可称作"标准单元"的庭院，每个庭院占地约两万平方米，由举行接见仪式的前殿、配殿和寝殿组成。各庭院之间有纵横街巷联系：南北走向的一长街宽9米，二长街宽7米；东西走向的巷宽为4米。街的两端设宫门和警卫值房。各个庭院除有自己的宫门外，还有东、西巷门，南、北街门，规划整齐，井井有条。慈禧做太后时，为了扩大西六宫的长春宫和储秀宫，把长春门与储秀门拆掉，改建成厅式的体和殿与体元殿，因此现在的这两座宫院，已成为四进院的格局了。

清西太后慈禧像

慈禧（1835—1908），即孝钦显皇后，叶赫那拉氏，咸丰帝的妃嫔，同治帝的生母。清朝晚期的实际统治者。

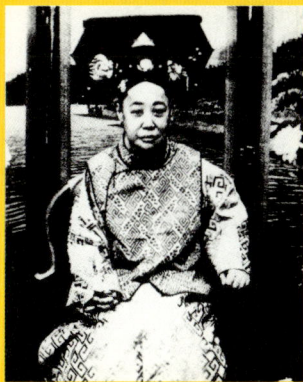

清瑾妃像

瑾妃，珍妃的姐姐，光绪帝的三位后妃之一。

西一长街

西一长街在后三宫的西面，长街西侧南部为养心殿，北部为西六宫。

东六宫位置图

东六宫位置图

西六宫位置图

西六宫位置图

从明初至清东、西六宫名称变更

明初原名称	嘉靖十四年改称	明代晚期改称	备注
咸阳宫	钟粹宫	—	明初皇太子居处
永宁宫	承乾宫	—	皇贵妃居处
长安宫	景仁宫	—	清康熙皇帝生于此
长阳宫	景阳宫	—	清代用来贮藏书画
永安宫	永和宫	—	瑾妃曾居此宫
长寿宫	延祺宫	延禧宫	仿水晶宫的水殿
寿昌宫	储秀宫	—	慈禧为贵妃时居处
万安宫	翊坤宫	—	—
长乐宫	毓德宫	永寿宫	—
寿安宫	咸福宫	—	—
长春宫	永宁宫	长春宫	—
未央宫	启祥宫	太极殿	—

东六宫·景仁宫

　　景仁宫是东六宫之一。顺治帝第三子康熙帝出生在这里。乾隆帝、道光帝做太子时在这里住过，光绪帝的珍妃也在这里住过。

景仁宫前石屏风

景仁宫前石屏风上的四个石兽之一

西六宫·储秀宫

储秀宫是西六宫之一，原名寿昌宫，明代永乐十八年（1420）建成，嘉靖十四年（1535）改名储秀宫。清代曾多次修葺。光绪十年（1884）慈禧太后五十整寿时，耗费白银63万

两修缮一新，在十月寿辰时移居于此，住了十年。现在保持的是修缮后的原状。当年慈禧居储秀宫时，这里有太监二十多人，宫女、女仆三十多人，昼夜伺候慈禧的起居。

储秀宫为单檐歇山式建筑，五楹。殿前有一宽敞的庭院，庭院里有两棵苍劲的古柏。殿台基下东西两侧安置的一对戏珠铜龙和铜梅花鹿，也是光绪十年慈禧五十寿辰时铸造的。

储秀宫前青铜雕龙

储秀宫外檐油饰，采用色泽淡雅的花鸟鱼虫、蔬果博古、山水人物、神话故事等为题材的苏式彩画。外檐装修有楠木雕刻"万福万寿""五福捧寿"等花纹门窗。

储秀宫廊壁上"万寿无疆赋"

廊壁上"万寿无疆赋"也是光绪十年慈禧五十寿辰时，大臣楷书恭写的颂词。

储秀宫前青铜雕鹿

储秀宫的内檐装修精巧华丽。正间后边为楠木雕的"万福万寿"群板镶玻璃罩背，罩背前设地平台一座，座上摆紫檀木雕嵌"寿"字镜心屏风，屏风前设宝座、香几、宫扇、香筒等。这是慈禧平时接受臣工问安的座位。在正间东侧和西侧有花梨木雕竹群和雕玉兰群板玻璃碧纱橱，玻璃内镶大臣画的兰竹，从而与两侧室隔开，显得正间装修严谨。

西侧碧纱橱后为西次间，南窗、北窗下都设炕，是慈禧休息的地方。由西次西进是寝室，它以花梨木雕"万福万寿"边框镶大玻璃隔断西次间，隔断处有玻璃门，隔玻璃可见次

储秀宫内宝座

储秀宫内摆设

间一切，隔而不断。暖阁北边是床，床前安硬木雕"子孙万代"葫芦床罩，床框张挂蓝绸缎藤萝幔帐；床上安紫檀木框玻璃镶画横楣床罩，张挂缎面绸里五彩苏绣帐子，床上铺各式绣龙、凤、花卉锦被。东里间北边有花梨木透雕缠枝葡萄八方罩，构图生动，玲珑剔透，制作精细，堪称晚清杰出的木雕艺术作品。东次间与里间都以花梨木雕做间隔，宫内陈设富丽堂皇，多为紫檀木和嵌螺钿的漆家具。有象牙龙船、凤船和祝寿玲珑塔，有缂丝的福禄寿三星祝寿图，有点翠凤和花卉挂屏，有名贵的竹黄多宝格和花梨木嵌宝石的柜橱、面盆架子等工艺品。

储秀宫内景

储秀宫内紫檀八方罩

储秀宫内房间

西六宫·长春宫

　　长春宫是西六宫之一，在明朝本是天启皇帝的李妃的住所，清末慈禧太后于同治帝亲政后，曾移居长春宫。

　　院内的戏台是经常为她演戏的地方。光绪帝及清逊帝溥仪的妃子也都在这里住过。

　　长春宫大院走廊四角，用整个墙高作为长度，绘有十几幅以《红楼梦》为主题的一组大型壁画。宫殿内彩槛雕檐，绣薨画栋，缤纷的彩绘上除了图案性的花纹，还夹有很多"开光"式小画幅，山水、花鸟、人物，无不具备。但用如此规模绘制《红楼梦》大壁画，是罕见的独例。这组壁画大概是光绪年间的作品。

长春宫内景

长春宫院内四周廊内壁画

画笔工细，透出典雅娟秀之气。整幅布局巨丽精整，深远曲折。从小处看，虽一草一木，笔致细腻，并运用了"透视学"的原理去表现楼台景物，有立体感。

从长春宫院内戏台看长春宫

西六宫·太极殿

太极殿是西六宫之一，初名未央宫，因明代嘉靖皇帝的生父朱祐杬（兴献王）生于此宫，所以在嘉靖十四年（1535）更名启祥宫。清代又改名为太极殿。清末同治帝的瑜妃住在这里。殿前有高大的琉璃照壁，与东西殿组成了一个宽敞的庭院，在葱翠的树荫下显得非常静雅。

太极殿内松竹梅条桌

太极殿内景

漱芳斋在重华宫的东翼院内，是乾隆年间改建西二所时增设的。（详见本书 154–155 页）

漱芳斋内景

漱芳斋廊子

皇帝寝宫·养心殿

养心殿位于西六宫的南面，原是明代所建，清雍正年间重修后，雍正及以后的皇帝都住在这里，成为他们统治国家发号施令的政治中心。

从前，明、清皇帝的寝宫是乾清宫。到清朝雍正皇帝时，因其父康熙皇帝猝死，他不愿意再住到父亲住了六十多年的乾清宫去，就决定住在养心殿为父亲守孝。但守孝期满后，没有搬动，养心殿就成为他的寝宫和处

理政务的地方了，以后清朝各代皇帝一直沿用，好几个皇帝都病逝于此。

这座宫殿是"工"字形建筑，前殿后殿相连，周围廊庑环抱，比较紧凑，前殿办事，后殿就寝，舒适自如。这里与掌握军国要务的军机处距离很近，召见议事较为方便。外院矮小的房屋是太监侍班的地方，官员也可以在此暂候召见。养心殿院内的东西配殿是佛堂。

养心殿位置图

养心门影壁

从玉璧中心洞眼看养心门匾额

养心门外的玉璧

养心门外东值房

养心殿前面是明、清皇宫的内膳房（外膳房在景运门外）。皇帝进膳没有固定的地方，活动到哪里就在哪里传膳。由于皇帝总是在进膳后办事，所以在宫内进膳多是在养心殿、乾清宫等处。内膳房设在养心殿前是很方便的。

养心门内影壁

养心殿前三头鹤香炉

养心殿庭院

养心殿殿内正中设宝座。西暖阁是皇帝的起居室，有时也在这里召见大臣。再西的套间在乾隆时是贮藏王羲之、王献之、王珣字帖的地方，因名"三希堂"。东暖阁在同治以后改为召见大臣的场所。清咸丰十一年（1861）慈禧通过政变上台，历经清同治、光绪两朝垂帘，统治中国达四十八年之久。养心殿之后为寝殿，相互连接成"工"字形的布局。寝殿两旁的庑房称体顺堂、燕喜堂，是皇帝召来的后妃暂憩之处。

养心殿西暖阁

西暖阁是雍正帝至咸丰帝时经常召见军机大臣的地方。

养心殿正殿及一角

养心殿正间，设有宝座，上有藻井，和乾清宫一样是召见大臣、引见大臣的地方。

养心殿内的东暖阁

东暖阁是自清雍正以后皇帝召见大臣商议国家大事的场所。清朝末年，慈禧曾在此垂帘听政。现在这里的陈设和装修是光绪时期的原状。小皇帝坐在前面的宝座上，慈禧坐在后面的宝座上，中隔黄纱帘。

养心殿透视图

养心殿内垂帘听政处

养心殿内垂帘听政处侧影

养心殿正间向北是把前后殿连接起来的穿堂，走过去是后殿——寝宫。寝宫一字排开，有五间房，正间正面设坐炕一铺。东次间设有宝座，紫檀长条案，西次间设有紫檀云龙大立柜和坐炕等，东、西两梢间正面均为炕床，即俗所谓"龙床"，此外还有坐炕、桌案等。五间房内的布局大体对称而略有变化。目前养心殿的陈列是按清末光绪时期的样式布置的。

寝宫东面的体顺堂，是皇后在养心殿和皇帝共同生活的寝宫。西面是燕禧堂，是妃嫔们听候召唤的休息室。养心殿后院墙还开有两个小门，东叫吉祥，西叫如意，这就是平时出入的便门了。

养心殿后体顺堂东次间

倏踔九重臺香延萬
壽杯依旬初降雨三
月早閒靈露結朝隮
蜜花舍宿雨開幸承
天澤豫湯使日光催
同雲接野煙飛雪舞
長天拂對添梅色溫
樓助粉妍光舍班氏
扇韻入簷王經六出
迎儌藻千箱荅瑞年
唐臣李嶠喜雨喜雪
律詩
臣潘祖蔭敬書

三希堂

与养心殿西暖阁相连的三希堂由两间小阁组成，每间小阁只有4平方米，但室内装修十分讲究。隔扇以楠木雕花窗格中间夹透地纱做成，外间以蓝白两色几何形图案的瓷砖铺地。乾隆曾在这里藏有晋代大书法家王羲之的《快雪时晴帖》、王献之的《中秋帖》和王珣的《伯远帖》，视为"希世之珍"，因名"三希堂"。乾隆皇帝书写的匾额和《三希堂记》墨迹，至今还挂在墙上。对面墙上的画，就是当时的宫廷画家金廷标画的王羲之、王

养心殿内三希堂

献之、王珣的故事画。在宽阔的大型宫殿中出现这样小小的精舍，是室内装修的一种间隔手法。这里至今大体保存着乾隆时的面貌。

三希堂迎门的西墙上挂着通天连地的《人物观花图》，是乾隆三十年（1765）郎世宁、金廷标合画的。画面上的窗格和瓷砖完全仿照室内铺地装修，由于运用了近大远小的透视原理，画面中的景物与室内实景相接而延伸，骤眼看好像里面还有一间房子。

三希堂外间

《中秋帖》

传为东晋王献之书。草书，三行，共二十二字，无署款。

《伯远帖》

是王珣问候朋友疾病的一封信札，笔力遒劲，洒脱流畅。是东晋王氏家族现存于世的唯一真迹。

《快雪时晴帖》局部

传为东晋王羲之的行书作品，《快雪时晴帖》全文共四行，二十八字。它是作为一封信札写就的，其内容是作者在大雪初晴时以愉快心情对亲朋友人的问候。

太上皇宫殿·宁寿宫

　　宁寿宫位于紫禁城的东部,俗称外东路,原是明代的一号殿、仁寿宫的位置。康熙二十八年(1689)重建为宁寿宫。乾隆三十七年(1772),清高宗对宁寿宫大加扩建,才成为现在的规模,准备退位后当太上皇时居住。

　　在皇极门和宁寿门之间是一个宽阔的庭院,周围植有盘曲的古松,气氛风雅。门里的皇极殿和宁寿宫,气魄宏伟,是模仿太和殿、坤宁宫的形制而建的。

　　进了宁寿门,便是一条高出地面1.6米、长36米的白石甬路,直通皇极殿的月台,自然地将皇极殿前的院落划成东、西两部。沿月台、甬道及宫门的垂带踏跺,都围以雕有龙凤纹饰的白石栏杆,皇极殿为九开间,重檐庑殿顶,建筑等级略低于太和殿,屋顶圜和,翼角玲珑,形体壮丽苍秀。

皇极殿西庑

东西庑房较为低矮，以突出主殿的巍峨。皇极殿内外檐装饰多仿太和殿格式。皇极殿后就是宁寿宫，两殿间有宽阔的石甬道相连。从平面布局看，这是个由甬道贯穿的"王"字形台基，承托着宁寿门、皇极殿、宁寿宫，前后呼应，连成一体。自宁寿门的东西

两边建起连檐的庑房，沿院落的周围转折而北，作抄手廊房式与后殿宁寿宫相接，围成了5000余平方米的大庭院。在皇极殿的两山与庑房间筑卡墙，建成东、西两座垂花门，又将大院分为前后两个小院。

宁寿宫位置示意图

珍妃井

珍妃井位于宁寿宫北端的贞顺门内。清末光绪帝的宠妃珍妃于1900年八国联军攻入北京时，被慈禧太后命太监从当时幽禁的景祺阁北小院叫出，推入这口井中淹死，时年仅二十五岁。光绪二十七年（1901）慈禧从西安回宫后，才将珍妃尸体打捞上来。这口井被称为"珍妃井"。

皇极殿正面

宁寿门外景

太上皇宫殿·养性殿、乐寿堂

宁寿宫的后部以养性殿、乐寿堂为主，位居中路。东有畅音阁、庆寿堂、景福宫一组燕娱建筑，西有古华轩、遂初堂、粹赏楼和符望阁一组园林建筑，构成了太上皇的"小内廷"。

养性殿位于宁寿宫一区的后半部，在养性门内。殿坐北南向，前檐右侧出抱厦，殿内东西间各有室，曲折回环。该殿的结构形式，平面布局和空间组合是仿养心殿建造的，是清代乾隆皇帝准备退位后做太上皇时使用的宫殿。

乐寿堂西廊及法帖

乐寿堂西廊法帖之一

养性殿近景

乐寿堂外景

兴和气游

庭前松竹萬春風

座右圖書娛晝景

乐寿堂仙楼

慈禧太后六十岁生日后，住在乐寿堂。

太后太妃宫殿·慈宁宫

太后太妃的宫室在紫禁城的西侧，通称为外西路，包括慈宁宫、寿安宫、寿康宫等，供皇太后起居之用，太妃太嫔也随居此地。

慈宁宫是明嘉靖十五年（1536）在仁寿宫旧址上建起来的，万历年间遭火焚后又重建过。那时的正殿是单檐，并不太高。清乾隆三十四年（1769）重建时才改为重檐庑殿顶，很像坐朝用的大殿。它的后殿里，供满佛像，因此又叫大佛堂。周围筑有朝房，对称均齐。

寿康宫前后三进，位于慈宁宫的西面。它的宫殿之间都以"工"字殿的组合方法相互连接，便于起居。

寿安宫在寿康宫的后面，明代叫作咸安宫。现在该宫正殿的构架还是明代遗物，乾隆三十六年（1771）又经过改建。殿前左右连楼相属，殿后有山石、小廊，通向福宜斋和萱寿堂。堂前小院点缀花木，幽静典雅。寿安宫后的英华殿是一座佛堂，殿前有乾隆年间增建的碑亭。碑亭左右植有两棵葱郁茂密的菩提树，整个庭院具有浓厚的宗教气氛。

慈宁宫外景

太子宫室

太子宫室在东、西六宫之后，原是东、西五所，都是皇太子们的住所。从乾隆年间以后，西五所因乾隆幼年住过，升格为宫，在西五所址建起了重华宫和建福宫。同样，嘉庆皇帝也把原来的住处升格为毓庆宫。在宁寿宫南面建起南三所后，东五所就改为库房了。

毓庆宫门额

毓庆宫是清代皇子居住的地方。

毓庆宫建筑群鸟瞰

东筒子直街

东筒子西为内廷东侧的宫墙，东为宁寿宫东侧的宫墙。宁寿宫一区建筑，为乾隆帝时修建，乾隆准备当太上皇时使用，但他从未住过，而是一直住在养心殿。慈禧太后六十岁生日前后曾以此做寝宫。

东筒子朱车值房外墙

园林

紫禁城中的园林均系内廷宫殿的附属花园。比较集中的有四处：御花园、建福宫花园、慈宁宫花园和宁寿宫花园。坤宁宫的宫后苑，也就是后宫的御苑，由于清代皇帝、皇后自雍正以后迁出后宫，遂称御花园。慈宁宫南专为太后而设的花园称慈宁花园。乾隆皇帝住养心殿，由于欣赏幽静雅致的建福宫，遂在其西侧建立建福宫花园，也称西花园。宁寿宫花园是乾隆皇帝改建宁寿宫时所建的花园，后来也称乾隆花园。

天一门前大香炉局部

这些花园都是宫院跨院的园林，属于皇家园林，但从规模上与"三海"（北海、中海和南海的合称，位于故宫和景山的西侧）、圆明园、颐和园等皇家园林迥然不同，既无山野水面的自然条件，又无宽阔豁亮的场地。四个花园的面积仅得3万余平方米，每个花园只相当于一个中小型的私家园林。但因处于宫内，属皇家园林，在建筑上也别具一格。

紫禁城内的花园布置主要是根据地势情况采取不同的手法。如果花园位置在主要宫殿轴线上，则采取均衡对称，左右呼应的布局。如御花园位于紫禁城轴线上就采取这种方法。

千秋与万春两亭，澄瑞与浮碧两亭是对称的方法，堆秀山与延晖阁，绛雪轩与养性斋，均为遥相呼应，保持了中轴线的基本格局。慈宁花园也居于慈宁宫轴线上，如咸若馆居中，以吉云、宝相为左右两侧配楼，是绝对对称的手法。如果花园位置不在宫殿轴线，而是在主体宫殿之侧，布局则灵活多变。以曲径通幽，迂回曲折，取得步移景迁的艺术效果。建福宫花园与宁寿宫花园就是如此，把私家园林手法和宫殿气氛协调起来。

从功能内容上看，紫禁城内园林，多数的亭台轩馆是为休憩、游赏而建，也有不少殿堂阁楼是专供敬神、崇佛、斋戒、颐养、藏书、阅览等用。因此，它们成为皇帝和皇室成员在紫禁城内日常活动的主要场所之一，也就极其自然了。

天一门前的大香炉

天一门

水磨砖造的券门，位于中轴线上，是钦安殿的正门。门前有鎏金麒麟及陨石台座各一对，门内有合欢树一株，天一门与坤宁门之间有铜炉一座。

御花园

御花园，明代称为"宫后苑"，建成于明代建造紫禁城宫殿的同时，以后不断增修，但仍保持着初创时的基本格局。园中不少殿宇和树石，都是十五世纪的明代遗物。

全园南北深 80 米，东西宽约 140 米。园内的主体建筑——重檐盝（音

鹿）顶的钦安殿，坐落在紫禁城的中轴线上。园内以它为中心，东西大致对称地布置了近二十座建筑。但由于多数建筑倚墙而建，只有小巧的亭台立于园中，因此园内尚显得比较舒旷、空敞。

清代御花园内延晖阁选秀女照片

御景亭

位育斋　延晖阁　集福门　顺贞门　延和门

玉翠亭

澄瑞亭　承光门

钦安殿

千秋亭

四神祠

天一门

养性斋

琼苑西门

坤宁门

御花园平面图

凝香亭

绛雪轩

琼苑东门

延和门

延和门是御花园牌楼门的左门。

承光门内的鎏金铜象

御花园中的钦安殿左右有四座亭子：北边的浮碧亭和澄瑞亭，都是一式万亭，跨于水池之上，只在朝南的一面伸出抱厦；南边的万春亭和千秋亭，为四出抱厦组成十字折角平面的多角亭，屋顶是天圆地方的重檐攒尖，造型纤巧，十分精美。它们东西对称，是园内引人注目的观赏点。

千秋亭纵剖面图

单位：米

澄瑞亭

与浮碧亭相对，建在桥上，下临碧水，亭南伸出抱厦。

千秋亭屋顶屋架平面图
单位：米

上层檐屋顶平面　　上层檐屋架俯视平面

七样黄色琉璃瓦
八样黄色琉璃脊物

正心桁 径0.27
挑檐桁 径0.19
金桁 径0.27
拼口板机 径0.36×0.16

璃璃宝顶

童柱 径0.31
博脊枋 0.26×0.56

扶脊木 0.27×0.27
脊 桁 径0.27
角 背 0.18×0.25
扒 梁 0.32×0.25
正心桁 径0.27
挑檐桁 径0.19

七样黄色琉璃瓦
八样黄色琉璃脊兽

长扒梁 0.36×0.45
正心桁 径0.27
仔角梁 0.19×0.31

正心桁 径0.27
挑檐桁 径0.19

下层檐屋顶平面　　下层檐屋架俯视平面

四神祠

是一座前面带敞轩的八角亭子，坐南向北，正对延晖阁。

万春亭

明嘉靖十五年（1536）改建，上圆下方，重檐。西面
与千秋亭相对，造型相同，唯顶迥异。

御花园中，倚北宫墙而叠筑的石山——"堆秀"，山势险峻，磴道陡峭，叠石手法甚为新颖。山上的御景亭是俯瞰花园的好地方。

御景亭建于四周护有汉白玉石栏杆的台基上。堆秀山东西有蹬道可上，山前有门，门内是石洞。进门沿石阶盘旋而上可达山顶御景亭。小山虽是

堆秀山全景示意图

堆秀山

人工堆成，但洞壑玲珑，峰峦积秀，是一座台景扩大的堆法，被堆山匠师们称为"堆秀式"。此山建于明万历年间，是园中可以登临的地方。登上此山，可临轩极目远眺，西山在望，俯瞰则紫禁城尽收眼底。山前的狮子座上雕蟠龙，口喷水柱高达十几米。

清朝宫中每年七月初七在御花园中祭祀牛郎星、织女星，皇帝拈香行礼，皇后、皇贵妃、贵妃、妃嫔等人再行礼。八月中秋之夜在此祭月，九九重阳节在此登高。

养性斋

在御花园西南隅，七楹的阁楼。斋前假山堆围并有平台，与东南隅的绛雪轩本是对称的建筑，但在平面造型上一凸一凹，体量上一高一矮，对称而不呆板。

御花园各处安置有各式盆景，千奇百怪，异常珍贵。

园里的花树，多为明代莳栽。古柏老槐，郁郁葱葱，园内又罗列奇石玉座，盆花桩景，连地面也用各色卵石镶拼成福、禄、寿文字及花卉、人物等各种图案，将花园点缀得极其富丽。

海参石

"海参石"在御花园东侧铜獬豸之前。它那圆滑柔软的形态，肉感很强的外形，很像一段段海参。这是由数十段石质海参组成的插屏式陈设。

诸葛亮拜北斗陨石

这块状似僧帽的奇石不以雕凿取胜，而以自然形
成画面而闻名。石面上一个形象逼真的躬身下拜
的老人，头戴道布、身着紫褶、长袖下垂，双手
拱起，面对前方黑石上点点星斗，作拜揖状，形
态生动，让人联想起精通天文的诸葛亮。

木化石

绛雪轩迎面雕石架座上屹立的是一段远古的木化
石。这段石粗看不像石质，好像是一段经久曝晒
的朽木，背面有千百个虫蛀孔，但敲之铿然有声，
确是石质。石的正面有乾隆丙戌年(1766)的题句。

御花园的甬道以不同颜色的细石砌成各种图案。路面的图案组成，全园是一个整体，但每幅图案又有独立的内容，花石子路上的图案总计约有九百幅。图案的内容有人物、风光、花卉、博古等，种类繁多，沿路观赏，美不胜收。

颐和春色

御花园石子路

鹤鹿同春

关黄对刀

慈宁宫花园

　　慈宁宫南花园是乾隆年间在明代建筑的基础上改建的。花园的揽胜门内，叠有山石一座，起了"开门见山"的障景作用。山石之后，花台上万紫千红，映衬出跨池而建的临溪亭。池亭周围，又有含清斋、延寿堂和东西配房相向而立，使临溪亭自然地成为花园南部的观赏中心。花园北部的咸若馆是全园的主体建筑，其后及左右皆有重楼：馆北是慈荫楼，东厢是宝相楼，西厢是吉云楼，围成半封闭的三合院，既是花园北部的屏障，又使园西一区建筑显得低平、近人。

　　园里建筑物布置规整，左右对称，靠其精巧的装修和周围的水池、山石烘托出浓厚的园林气氛，而园地莳栽的梧桐、银杏、松柏等树，可收四时成景的效果。

临溪亭

临溪亭建于桥上，桥架于一个长方形的水池上，水池四面立汉白玉雕石栏杆。亭四面有门窗，可以全部打开。自亭东西可俯望池中游鱼和莲花。

慈宁宫花园平面图

慈宁宫花园内银杏树

含清斋勾连搭式屋顶

慈宁宫花园鸟瞰图

慈宁宫花园内假山石子路

建福宫花园

　　建福宫西花园建于清乾隆五年(1740)。它的园门设在建福宫惠风亭后，门内是一个以静怡轩、慧曜楼一组建筑为主体的院落，甚为封闭、安谧。有了这种过渡性的安排，它西边的以延春阁为主体建筑的院落便显得开敞一些。廷春阁的北边和西边，倚宫墙而建有吉云楼、敬胜斋、碧琳馆、妙莲华室和凝晖堂，它们不仅以富华、艳丽的建筑立面遮蔽了平直的宫墙，而且在一片楼堂连宇、花廊纵横的空间里衬托出延春阁的高耸和宏伟。延春阁的南边叠石为山，岩洞磴道，幽邃曲折，山上又列奇石、亭建，间以古木丛篁，饶有林岚佳致。

　　建福宫西花园的建造形式，深得乾隆皇帝的喜爱，成为他以后营建宁寿宫西花园的主要样板。可惜在溥仪搬出紫禁城的前夕，花园遭焚，只存下惠风亭和一片山石了。

建福宫花园的围棋盘石桌

建福宫花园
火灾后照片

慧曜楼

吉云楼

敬胜斋

碧琳馆

静宜轩

凝晖堂

延春阁

存性门

建福宫花园平面图

玉壶冰

积翠亭

惠风亭

建　福　宫

抚辰殿

建福门

被烧毁之前的建福宫延春阁

建福宫这个南北狭长的院落被称为"皇家收藏宝库""藏宝的院落""存放珍宝最多的地方"。1923年6月26日晚9点多，北京紫禁城中建福宫突然起火，并很快烧成一片火场……最初起火的是神武门内建福宫花园的德日新斋，随后迅速蔓延至花园内的其他建筑。但因宫中既无自来水，又缺少水井，大火一直烧到次日清晨，直至次日中午才被扑灭。此次大火几乎吞没了所有东西，共烧毁房屋三四百间和大量珍贵收藏，延寿阁里收藏的全部古物，以及广生楼的全部藏文大藏经，吉云楼、凝晖堂的数千件大小金佛与金质法器等都没能幸免于难。数百年的参天松柏也付之一炬。大火究竟毁掉了多少东西，至今还是一个谜。

宁寿宫花园

　　宁寿宫花园建于乾隆三十六年到四十一年（1771—1776）。花园占用了南北深160米、东西宽37米的纵长地带，前后划分为四进院落，布局紧凑、灵活，空间时闭时畅，曲直相间，气氛各异。

　　首进衍祺门，迎面是石山，绕过石山豁然开朗。主体建筑古华轩坐北居中，古华轩庭院东阶下，布置了山石亭台，构成一个比较自由的建筑院落组合。西面禊赏亭抱厦中设"流杯渠"，东南角上另有院中之院，廊曲路回，颇有雅趣，可作"曲水流觞"之乐。渠做如意形回绕，引水于渠中，杯浮于水上，饮酒咏诗。

衍祺门

衍祺门是宁寿宫花园的正门，一开门，迎面便可看到一座玲珑剔透的山景，山景背后，松柏枝梢摇曳。山前是一条曲折的小径，用五颜六色的石片铺设成冰纹状。这种入口设置是别具一阁一隅的中国园林"曲径通幽"的手法。

瀛台内流杯渠（1900年摄）

宁寿宫花园平面图

禊赏亭内流杯渠

渠水来自衍祺门内的一口井，汲水入缸，山下凿出孔道，将水引入流杯渠，然后再从北面假山下孔道逶迤流入"御沟"中。上下水道都隐在假山下，好像源泉涌自山涯，在设计上煞费苦心。在慈宁宫花园的绿云亭内及中南海也有相类的流杯渠。

禊赏亭

平面为凸形，三面出歇山顶，中间为四角攒尖的亭式建筑，与东面承露台遥相呼应，另与古华轩成并蒂莲状的对景。命名取晋王羲之"兰亭修禊"之典。

宁寿宫花园内流杯渠贮水用的海缸

宁寿宫花园·古华轩

古华轩为宁寿宫花园第一进院落的主体建筑，建于乾隆三十七年（1772）。轩为坐北面南的敞轩，面阔三间带回廊，正面悬挂乾隆帝御笔"古华轩"木匾。

古华轩坐北处中，是歇山卷棚式敞轩，四周环以回廊，周围安装坐凳与拱楣。轩内是楠木本色镶嵌天花，雕百花图案，古朴淡雅。轩前有古楸一株，是建轩前故物，有意保存，作为轩前借景，花冠甚美，因之得名，乾隆帝曾赋有"古楸行"。

古华轩之东湖石堆叠的山峦主峰上的承露台，四周白石雕栏环绕，透过掩映的松柏，看过去极为精巧秀丽。台下山石间辟有门，洞北洞东有石阶可到台上，假山下有一座小洞式佛堂，精巧别致，引人有深山古刹的联想。

左图 **仰看承露台**
右图 **假山下佛堂洞门**

古华轩南望

古华轩内檐和后檐四间悬挂木雕龙匾四块，明间楹联一副，均是乾隆帝为古楸而题。轩前檐下有古楸一株，构轩时树龄已逾百年，倚树建轩，故名"古华轩"。古华轩的装修古朴素雅，尤其轩内天花别具一格，摈弃通常的彩绘装饰方法，采用以卷草花卉为图案的楠木贴雕，典雅高贵，气度不凡。由于图案凸起于天花板之上，在光影的变化中产生很强的立体感，虽不如彩绘贴金般光灿夺目，但其艺术韵味和装饰效果却独具一格，别出心裁。

古华轩全景

宁寿宫花园·曲尺廊、旭辉庭

曲尺廊位于宁寿宫花园的第一进的东南角，利用廊隔出一个小院，打破了方正呆板的格局，也取得了与西北角旭辉庭在构图上的均衡。

旭辉庭位于外东路宁寿宫花园内第一进院落的西侧，始建于清乾隆三十七年（1772），是随山向北渐渐高起而建的一座三开间卷棚歇山式建筑，坐西朝东，面迎日出，因此取"旭辉"之名。旭辉庭爬山廊连接旭辉庭和山下的禊赏亭。山与建筑结合，遮挡外边宫墙视线，是一种摒俗手法。

曲尺廊侧影

旭辉庭

旭辉庭面阔三间，进深一间，绿剪边黄琉璃瓦。明间开门，余为槛墙、支摘窗，窗为步步锦格扇芯。东、南两侧前出廊，南侧接爬山游廊。檐下为苏式彩画，甚为精美。

旭辉庭爬山廊

宁寿宫花园·遂初堂、耸秀亭

第二进的遂初堂，是典型的三合院。遂初堂前垂花门在古华轩北，门内仅立几块湖石为景，环境幽静、雅致，两侧是磨砖细砌的清水墙面，下面衬托着彩色石片镶贴的冰裂台明，一反宫中墙面朱红粉饰的定式，给人特别清新的感觉。

第三进的萃赏楼为卷棚歇山顶的两层楼，满院石山，耸秀亭居高临下，挺拔秀丽。

耸秀亭雪景

主峰上建有一座方亭，亭前有深达数丈的峭壁。如果由下仰望，可见"一线天"的奇景。

遂初堂前垂花门

垂花门侧虎皮石墙基

宁寿宫花园·三友轩

三友轩深藏山坞，在宁寿宫花园内最高处。三友轩位于遂初堂北第三进的东南角，坐落在山麓之阳，为三间北房，有高山做屏障，挡住西北风，轩内设有取暖的地炕，为冬季游园休憩之所。三友轩的屋顶，西面是歇山式，其东面为了同乐寿堂相接，改作悬山式。这种做法在紫禁城中只此一处，完全是江南私园的建筑手法。

三友轩环境幽雅，室内装修十分精致，雕镂精细。装修图案主要用松、竹、梅，寓"岁寒三友"之意。

三友轩正面

三友轩室内的紫檀嵌玉隔扇

三友轩内月亮门

三友轩内月亮门，以竹编为地，紫檀雕梅，染玉做梅花、竹叶，象征"岁寒三友"。

三友轩紫檀雕松竹梅窗

宁寿宫花园·延趣楼

宁寿宫花园的第三进以山景为主。庭院中央重峦叠嶂，洞谷相通，环山布置建筑。西北面为延趣、萃赏两楼。上下带廊，楼下的走廊与曲尺游廊相连，成一条沿廊观赏的路线。楼上外廊可以凭栏眺望庭中山景。

延趣楼建于清乾隆三十七年（1772），嘉庆七年（1802）修，光绪十七年（1891）重修。延趣楼的嵌瓷片，萃赏楼的嵌画珐琅，都有很高的工艺水准。

延趣楼

延趣楼分上下两层，连廊面阔五间，进深三间。上覆歇山卷棚顶，以黄色琉璃瓦件饰檐、脊，其余铺绿色琉璃瓦，脊角安走兽五个。檐下梁枋饰以苏式彩画。延趣楼东、南、北三面出廊。廊檐部位上安倒挂楣子，下设栏杆。廊内侧安门窗以分隔室内外空间，门窗上部皆用棂条拼成"步步锦"形式，素朴雅致。室内装修以多种做工精美的瓷片镶嵌装饰。延趣楼初建时曾有天桥从楼上直通院内石山峰顶。嘉庆二十二年（1817），将天桥拆去，遂成现今的格局。

延趣楼前假山

延趣楼内宝座

宁寿宫花园·碧螺亭

碧螺亭坐落在宁寿宫花园第四进院子叠石堆山的主峰上，为重檐五柱，攒尖式紫琉璃瓦顶。亭底平面做低矮五瓣的须弥座，亭柱周围以弧形坐凳式栏板，内外雕刻各种不同样式的梅枝，亭檐下倒挂的楣子和亭内天花板也有雕刻非常精细的梅花图案，上下檐额枋彩画题材是海墁式的点金加彩折枝梅花。亭子顶部，每层用五条垂脊，分为五个坡面，也是仿梅花五瓣之意，色调以蓝绿色为主，好像是无数梅花簇拥成的大花篮，故俗称"梅花亭"，是宫中园林建筑中少见的亭式。亭南石桥飞架，通萃赏楼，轻灵精巧，与地面依山而行的通路，形成了上下两层的通路。这种上下两层纵横交错的通行方法，与现代立体交叉桥梁的设计思想颇有相似之处。

碧螺亭小桥

碧螺亭全景

宁寿宫花园 · 符望阁

符望阁是第四进景区的主体建筑，雄踞于宁寿宫花园北部，以整座石山围其前院，又用庑廊联系阁后斋馆，形成不同的景致和趣味，也是全园中心主景建筑。进深各五间，周围带廊的两层阁楼，华美的符望阁，四角攒尖式屋顶，气势端重。阁四周以游廊短墙等隔成几个似通又隔的小院。阁内底层用精工雕金镶玉嵌的装修纵横间隔，曲折弯转，富于变化。完整观赏一次室内景色最少需转折二十个方位。置身其中，穿门越槛之际，往往迷失所在，故俗称"迷楼"。

在符望阁的北面，两侧用游廊与符望阁的两廊衔接，形成四周为廊的天井。从布局艺术来说，符望阁是全园的高潮，倦勤斋则如后罩房。

符望阁珐琅嵌玉方窗

符望阁内装修以掐丝珐琅为主。

符望阁嵌玉透绣隔扇

宁寿宫花园内的楼阁轩堂，不但在外观上富丽堂皇，而且室内装修也极为讲究。花罩隔扇都用镂雕、镶嵌工艺。室内嵌竹丝的挂檐、嵌玉透绣隔扇等装饰，极其精美。

符望阁外景

宁寿宫花园·倦勤斋

　　倦勤斋位于宁寿宫花园最北端，清乾隆三十七年（1772）仿建福宫花园中的敬胜斋而建。倦勤斋的装修更精，挂檐以竹丝编嵌，镶玉件，四周群板雕《百鹿图》，隔扇心用双面透绣，处处精工细雕，令人叹为观止，为乾隆时期内檐装修之精品。

　　宁寿宫花园内共有建筑物二十几座，类型丰富，大小相衬，虚实对比，有的还因地制宜，在平面和立面上采用了非对称的处理，在制度严谨的禁宫之中，尤其显得灵巧、新颖。

　　全园山石亭景别具风采。各进院落的山石，采用了不同的叠垒技巧，既有单竖的奇石，又有成群的峰峦，崖谷峻峭，洞壑幽邃，同周围的建筑物相配合，给人以华美、精巧的印象。

倦勤斋正间宝座

倦勤斋正间

倦勤斋内《百鹿图》群板

宁寿宫花园·景祺阁

景祺阁位于紫禁城内廷外东路，宁寿宫中路北端。

景祺阁

景祺阁东院

戏台

　　紫禁城里戏台很多，都分布在内廷区。至今保存完好的有宁寿宫后阅示楼院中的畅音阁大戏台、倦勤斋室内的小戏台、重华宫区漱芳斋院中和斋内的"风雅存"小戏台，以及长春宫院内的戏台，等等。它们之中，有室内室外之别，有高低大小之分，各有不同的建筑形式，可以适应不同规模的演出。

畅音阁戏台局部

　　帝王之家在宫中主要的娱乐是看戏。宫中每逢节日如立春、上元、燕九、端午、七夕、中秋、重九、冬至、腊月、除夕，以及皇帝皇后生日、登极、册封，等等，都演戏。宫中有专业的戏班子。所演戏剧内容，根据节令和喜事的不同而定。如立春日上演《早春朝贺》等；上元节则上演《万花向荣》等；而皇帝、皇太后万寿生日，则上演《四海升平》《万寿无疆》等，多是歌功颂德和吉祥如意的帝王神仙戏。到光绪中期，才有宫外戏班入宫承应，演社会上流行的名剧如《拾玉镯》《双包案》等。演出地点多在长春宫、漱芳斋和畅音阁大戏台。到光绪后期，当时社会上的著名京剧演员如谭鑫培、梅兰芳等都曾入宫演出。

戏单

宫廷剧本，是由专门写字人抄写的。用于排演的剧本叫作"公用本"，供皇帝看戏时阅览的叫"安殿本"，朱色句读，精楷缮写，规格严整。收录每出戏的唱词、说白、排场、行当、穿扮、砌末等一应内容。

畅音阁戏台下层正面

畅音阁大戏台

　　畅音阁大戏台，在宁寿宫后东路的阅是楼院中，为"三重崇楼"，建于乾隆三十七年（1772），曾于嘉庆七年（1802）和光绪十七年（1891）重修。

　　畅音阁戏台共三层，上层称"福台"，中层称"禄台"，底层称"寿台"。有木楼梯可供上下。寿台是一个面阔三间、进深三间的方形台面，很宽敞，面积相当于普通戏台的九倍。寿台场

门分设在台后两侧。场门上方是横列于台后的仙楼，从仙楼上可下到寿台，又可上到禄台，均由木蹬踏垛上下。寿台台面下的中央和四角，有五口地井，平时演戏，盖上木板，使用时打

畅音阁戏台外景

畅音阁是清代宫中最大的戏台，是一座高达三层的楼阁，位于外东路宁寿宫区域内。畅音阁大戏台虽然是乾隆皇帝亲建，但由于他并没有在宁寿宫居住和游息，所以他在畅音阁看戏机会很少，经常看戏的地方，是漱芳斋和后殿金昭玉粹。到乾隆后期遇有大节如元旦万寿等，才在畅音阁看戏。畅音阁演戏最多的是在慈禧太后当政时。不论是住在储秀宫还是住在宁寿宫的乐寿堂，凡遇大节，慈禧总是到畅音阁看戏，并由皇帝、后妃、命妇以及王公大臣陪同。

开，靠安装在地下室的绞盘将布景托出台面。如演《地涌金莲》时，坐着五尊菩萨的五朵大莲花座，就是从这五口地井徐徐升上台面的。中央的一口地井，地下有水，那是为了引起共鸣，增加音响效果。寿台的上方，另有三个天井，也只是在演某些戏种时，用轱辘架将人或布景送下寿台。如演《罗汉渡海》时，"海市蜃楼"就是从二层天井吊下寿台的。

畅音阁戏台的后部，是两层的扮戏楼，是演出的辅助用房。面阔五间，进深三间，空间相当高大。屋顶同戏台的二层屋檐连搭一起，构成一座前高后低有起伏的大型戏楼。

颐和园大戏楼

颐和园大戏楼与承德避暑山庄的清音阁、紫禁城内的畅音阁，合称清代三大戏台。颐和园大戏楼是为慈禧六十岁生日修建的，专供慈禧看戏。楼高21米，在颐和园中仅次于最高的佛香阁。戏楼共三层，后台化妆楼二层。顶板上有七个"天井"，地板中有"地井"。舞台底部有水井和五个方池。演神鬼戏时，可从"天"而降，也可从"地"而出，还可引水上台。

畅音阁中层内景

畅音阁上层内景

畅音阁福台和禄台的台面范围很小，这是根据坐在阅是楼宝座上看戏的皇帝的视线而设计的。当演出《九九大庆》等承应大戏时，数以百计的神佛角色，同时在福、禄、寿三层台上出现，构成大幅有声的、活动着的"朝圣图""群仙祝寿图"和"极乐世界图"，场景是十分有趣的。

畅音阁后台一角

光绪十年（1884）逢慈禧五十岁生日，九月二十二日至二十八日在畅音阁演大戏，十月初八至十六日又在畅音阁和长春宫同时演戏九天，每天演戏达六七小时。十月十日生日这天，慈禧在畅音阁看戏，坐在阅是楼正中，两旁是光绪和他的后妃。阅是楼东西两厢是内廷王公、内阁大学士、六部尚书、御前大臣、军机大臣及内务府大臣等。阅是楼及内外两厢挂满福禄寿灯四百五六十盏，真是鼓乐声喧，灯火通明。为这次生日在畅音阁和长春宫演戏，购买戏衣、道具，耗白银十一万两之多。清代宫中戏衣、道具至今尚保存完整。

阅是楼

阅是楼始建于清乾隆三十七年（1772），嘉庆年间重修，坐北向南，位于畅音阁的对面，面阔五间，进深三间，两层楼。楼内设宝座，皇帝在此观戏。楼东西有围房与畅音阁相接，是王公大臣们看戏的地方。慈禧也经常在这里看戏。

◎《避暑山庄演戏图》

阮惠遗孽

阮光题

入觐赐

宴之图

维旅不战

《避暑山庄演戏图》局部

避暑山庄在清康熙时建成，乾隆时增建。这里的三层戏台称为"清音阁"，与畅音阁相似。是康熙、乾隆接见外宾及少数民族使者的地方。

倦勤斋戏台

　　倦勤斋是宁寿宫花园北部的一座建筑。在其西室内建有一个小戏台，供南府太监演唱岔曲。它是一座四角攒尖顶的方亭式戏台，其木构件多雕成竹节状，西、南、北面均以竹篱作为隔墙，靠北的后檐墙上画着整幅的竹篱小院的壁画，上挂藤萝和萝花，与顶棚满画竹篱藤萝的海墁天花连成一片，形成一座"室内花园"。与紫禁城宫殿的红墙黄瓦相比，别有风味。演戏时，皇帝坐在正对戏台正面的阁楼中观戏。

倦勤斋室内小戏台

主要作为演唱岔曲之类用。

倦勤斋戏台前宝座

漱芳斋戏台

　　漱芳斋在重华宫的东翼院内，是乾隆年间改建西二所时增设的。这里有大、小两个戏台。大戏台在斋前院中，戏台每面四柱，当心间稍宽，作为台口。台的上方设有天井，覆以重檐歇山式屋顶，装饰极为华丽。这是皇帝在新年元旦期间受贺或宴请王公大臣时看戏用的。小戏台在漱芳斋后"金昭玉粹"室内，为四角攒尖方亭，供皇家家宴时表演小节目或演出小戏之用。

漱芳斋院内戏台

漱芳斋戏台天花

漱芳斋戏台台口"谐音""俏舞"

漱芳斋内"风雅存"小戏台

长春宫戏台

西六宫长春宫和太极殿之间的体元殿，是清代晚期改建长春门时修建的。殿后北向出抱厦三间，可作演戏之用，是为长春宫戏台。戏台较为宽敞，柱间置有低平的木质坐凳栏杆和简洁的倒挂楣子，甚为素雅。

西山濠泉□明处

佛堂、道场及其他祭祀建筑

宫中有许多殿阁是专供皇室进行宗教祭祀活动的处所。清初虽然将蒙、藏地区信奉的藏传佛教的黄教奉为国教，宫中供奉以佛为主，但道教和儒教也保有一定的地位。另外还有一些其他方面的祭祀。

宫中的佛堂、佛楼、佛阁，主要布置在内廷中的太上皇宫殿——宁寿宫，还有太后太妃宫室——慈宁宫、寿安宫、寿康宫等区。如宁寿宫后区东路的佛日楼和梵华楼、慈宁宫后的大佛堂、慈宁宫花园、慈宁宫东北春华门内的雨花阁一院，寿康宫、寿安宫之北的英华殿等。另外，在后三宫的坤宁宫、东六宫的承乾宫等处，也都置陈神龛佛像、炉盘塔磬，供皇帝、后妃礼佛之用。

文华殿东侧的传心殿

有关道教的建筑主要是明代所遗，如御花园中的钦安殿一院及其西南侧的四神祠、东六宫东的玄穹宝殿等。有关儒教的建筑主要是文华殿东侧的传心殿一院和乾清门内的祀孔处等。另外，宫中也有不少皇帝祭祖用的宫殿和祭祀坛庙前行斋用的宫殿，规模也很大，主要有奉先殿、斋宫等。

明代以前各朝皇帝祭祖，都在太庙。明代起，开创地建立了在宫中祭祖的制度，奉先殿也就成为皇室在宫中祭祖的家庙了。清代也沿袭了这一祭祖制度，不同的是，在明代，皇后必须每天率领妃嫔进殿，向神牌进献食物，而清代则减掉了这项活动。

玄穹宝殿位于东六宫之东、东五所之南的钦昊门内。正殿五间，东西配殿各三间，为三合院式的庭院。正殿内祀昊天上帝。除每年正月初九传大光明殿道士念《玉皇经》一天外，其他活动与钦安殿基本一致。

传心殿在东华门内文华殿之东，是清代康熙二十四年（1685）所建。建成后，殿内设立牌位，正中是皇师——伏羲、神农、轩辕；帝师——尧、舜；王师——禹、汤、文、武；西侧是周公；东侧是孔子。每年春秋仲月，皇帝亲临经筵的前一天，先来传心殿祭告。殿的前院东侧有一口大庖井，泉味独甘，从顺治八年（1651）起，每年在这里祭祀井神。

祀孔处在乾清门内东庑的南端，与上书房相邻，是宫内的又一祀孔之处。室内有乾隆皇帝御题匾额"与天地参"，供奉至圣先师及先贤先儒的神位。

奉先殿在毓庆宫之东，始建于明代。现存的奉先殿是清顺治十三年（1656）重建的，康熙十八年（1679）、康熙二十年（1681）和乾隆二年（1737）重修。殿的建筑采取了面阔九间、重檐庑殿顶的崇高级别的体制，是清代皇帝祭祖的地方。它由前殿、后殿及穿廊组成"工"字殿，四周围以高垣。前殿内供奉努尔哈赤以后历代帝后的神牌，后殿供奉努尔哈赤以前的肇、兴、景、显四祖及其后的神牌。每年万寿节、元旦和冬至（俗称宫中的三大节）以及国家的一些大庆之日，如册立皇后、册封皇太子、御经筵、谒陵、巡狩回銮、战争凯旋等，皇帝都要亲自或遣官到奉先殿致祭行礼。

斋宫在毓庆宫之西，东六宫之南，是清雍正九年（1731）在明代宏孝殿、神霄殿的旧址上兴建的，嘉庆六年（1801）重修。清初，皇帝每年在南郊祭天、北郊祭地，冬至祈谷大祀之前，先乘礼舆到斋宫宿住一天，再迁居坛内的斋宫一天，然后才能举行祭祀仪式。行斋期间，不作乐，不饮酒，忌用辛辣，也不用葱韭。

城隍庙建于雍正四年（1726），位于紫禁城内西北角，内奉城隍之神。

> **雨花阁**
>
> 雨花阁始建于清代乾隆年间，是宫中藏传佛教建筑。阁分三层，下层四面出厦，柱头饰以兽面，二、三两层柱头饰以木雕泽金蟠龙，最上层顶用铜镀金的筒瓦和板瓦覆盖，四条垂脊上各有一条镀金铜龙，形象生动。中安塔式宝顶，金光闪烁，造型别致。

佛日楼、梵华楼

　　佛日楼、梵华楼位于宁寿宫后区东路，景福宫之北，紧倚宫墙。这两栋佛楼是仿建福宫西花园中的吉云楼和慧曜楼的形式建成的。两楼各自成院，相互毗邻，第二层有檐廊相通，共用一座木栏石楼梯上下相通。楼内供奉着藏传佛教主要各佛的塑像，配以10 900尊小佛像，同时还有藏传佛教黄教的创始人——宗喀巴的塑像，此像神态安详，形象逼真。楼下陈设着穴座高大的珐琅佛塔，制作精致，是稀世之宝。

梵华楼佛塔

梵华楼外景

梵华楼位于紫禁城外东路宁寿宫一区的东北隅。楼面阔七间，分上下两层，前出廊，黄琉璃瓦硬山顶。楼室内保存有众多的佛塔和佛像。

梵华楼二楼佛龛局部

梵华楼二楼内景

梵华楼二楼供奉的佛像壁画

梵华楼一楼供奉的佛像壁画

梵华楼内供奉的佛像

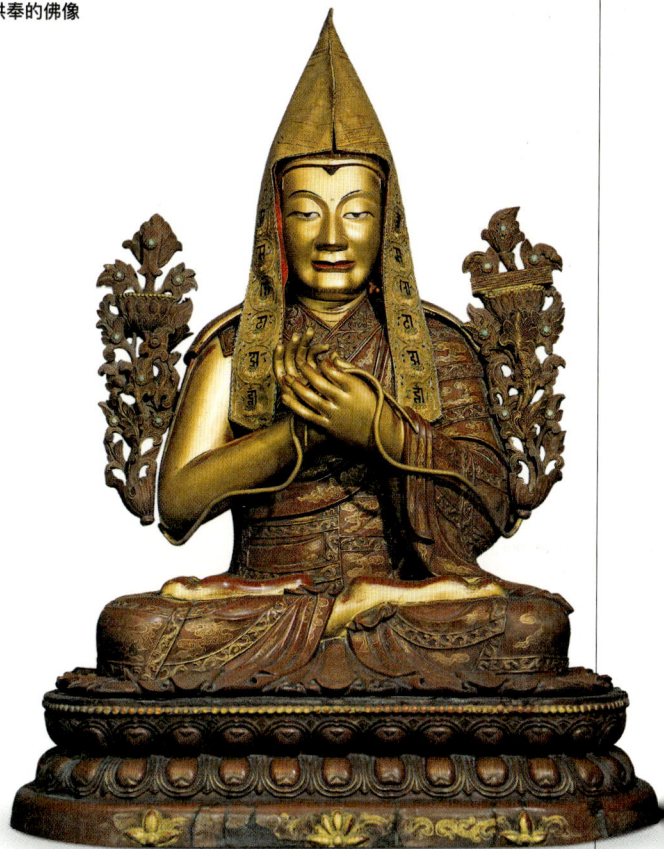

梵华楼佛龛内宗喀巴像

梵华楼佛龛内供奉的佛像

咸若馆

明代初建时称咸若亭，万历十一年（1583）更名曰咸若馆。清乾隆年间先后大修、改建，即今所见形制。慈宁宫后大佛堂，是皇太后瞻拜礼佛、"以申悲悃"的地方。它与慈宁宫面宽一致，建在同一个台基上。当时大佛堂有太监充任喇嘛，每年十二月初五起在堂中唪经二十一天。平时的每月初六，举行藏传佛教的宗教仪式，如放"乌卜藏"、唪《金刚经》等。

慈宁宫花园后部的咸若馆，东边的宝相楼，西边的吉云楼，后边的慈

慈宁宫花园咸若馆内佛龛一角

荫楼，都是供佛之所，供的是三世佛和救度母佛。先朝的后妃在这里祝祷自己延年益寿，挨过残生，修炼来世。

慈宁宫花园吉云楼内佛像

慈宁宫花园咸若馆明间佛像及五供

馆内悬清乾隆皇帝御书"寿国香台"匾，"证最胜因金界庄严欢喜地，赞无量寿宝轮拥护吉祥云"联，并陈设龛、案、佛像、法器、供物等。

雨花阁

　　雨花阁在春华门内，是一座精构楼阁。呈方形，立面分作三层，下面两层腰檐分别覆以蓝、绿琉璃瓦，屋顶则四角攒尖，覆以鎏金铜瓦。四条金光闪闪的巨龙腾跃于脊上，形制之奇特，装饰之华美，宫中少见。雨花阁内供奉西天梵像，每年四月初八派喇嘛五名在最上层唪大怖畏坛城经，二月初八和八月初八各派喇嘛十名在瑜珈层唪毗卢佛坛城经。

　　三月初八、六月初八、九月十五和十二月十五各派喇嘛十五名在智行层唪释迦佛坛城经，每月初六在德行层放乌卜藏、唪经。

　　雨花阁一院的西北角为梵宗楼，供文殊菩萨。雨花阁后的昭福门内原有宝华殿、香云亭、中正殿等，都是供佛和喇嘛唪经的大型活动之处，于1923年被火焚毁。

雨花阁坛城

坛城，或称道场，即大曼荼罗，建于清乾隆二十年（1755），为佛教密宗祭供诸佛及诸德的一大法门。此坛城坐落在汉白玉雕花圆座之上，外用硬木做重檐亭式罩，坛城本身用嵌丝珐琅构成，内以"大威德"（文殊菩萨的化身）为主尊造像，加之其眷属（密宗把随从、其系统称为眷属）。坛城建在金刚交杵之上，以红、黄、蓝、白、黑色显五方，坛城上宫殿幡幢庄严，供养着仙乐、飞天仙女等。其下铁围山内为八大寒林，即密宗所称的"八大地狱"（一般称为十八层地狱）。雨花阁内设三大坛城，它的依据是密宗的深密教义常规术语："六大四曼三密如其次第，配于体相用之三大。""三密"为密宗所指的身、意、口，配于体（身体）、相（形象）、用（使用），雨花阁坛城就是三密圆满具足的体现。

雨花阁内坛城局部

雨花阁外观三层，实际是设有四层的楼阁式建筑，为"明三暗四"的格局。安置坛城的一层称智行层，在一、二层之间靠北部设有暗层，称德行层，供奉行部佛像九尊。

雨花阁二楼内景

雨花阁二楼楼梯间

此層供奉行德品佛應念行德品內宏光顯耀菩提佛佛眼佛

母無我佛母白衣佛母藍救度佛母顯行手持金剛伏魔手持

金剛藍摧碎金剛白馬頭金剛無量壽佛等經

英华殿

英华殿在寿安宫之北，创建于明代，康熙二十八年（1689）和乾隆二十七年（1762）重修。殿前的英华门东西两翼有琉璃鹤照壁，姿态生动，为明代遗物。殿内供五莲菩萨，明代皇太后和皇后都在这里行礼拜佛。

英华殿殿内原供西番佛像。殿面阔五间，进深三间，单檐黄琉璃瓦无殿顶。英华殿前长有菩提树，又名毕钵罗。树根深叶茂，枝叶婆娑，下垂着地。盛夏开花呈金黄色，深秋结子可做念珠，叶经加工可精制成佛教用品。

菩提树叶上绘制的佛教人物画

菩提子做成的手串

菩提树叶上写的经文

英华殿内供奉的佛像

钦安殿

钦安殿在御花园正中天一门内，御花园的中心，为明代所创建，面阔五间，重檐盝顶，上安鎏金宝顶，形制奇特。台基石栏及御路雕刻极为精美，显示了明代精湛的建筑工艺成就。殿的四周有平矮的围墙。带琉璃照壁的天一门前列有金麒麟、花石，院内植以古柏修竹。殿内祀道教的玄天上帝。明、清时代每年立春、立夏、立秋、立冬之日，架起供案，奉安神牌，皇帝前来拈香行礼。每年年节和八月初六到十八日为"天祭"，在宫

御花园钦安殿外景

中的玄穹宝殿和这里各设道
场，道官道众设醮称表。

御花园钦安殿前东侧焚帛炉

御花园钦安殿旗杆座

殿基为须弥座式的石台，前正中雕刻云龙
石陛，台上周边有极精致的汉白玉龙凤图
案栏杆，都是明代遗物。殿的上端是平顶，
周围是四面坡的盝顶。围脊当中安镀金宝
顶。檐角斜出四条重脊。殿四周有矮垣围
绕，自成格局。

御花园钦安殿内玄天上帝像、法物及供品

书房、藏书楼

　　紫禁城内主要用于藏书、阅览的建筑物有文渊阁、摛藻堂、昭仁殿、上书房、葆中殿、味余书室和知不足斋等。它们各有用途，布置和建造情况也各具特色。

《永乐大典》

　　明代的文渊阁建于文华殿前，用作贮藏宋元版旧籍，其中包括永乐十九年（1421）自南京皇宫文渊阁运来的10船100柜古籍，另外还有当朝《永乐大典》的正本11 095册。

　　上书房在乾清门内。门两侧北向各有一排庑房，东为上书房，西为南书房。上书房是皇子皇孙读书的书屋，南书房是翰林大学士侍奉之处。其西北，月华门北侧的懋勤殿，广藏典籍，

文渊阁外景

实为书房、南书房的"书库"。地设乾清宫前，以便皇帝日常"稽察"。

重华宫原是乾东五所的一所，清高宗为皇太子时的住所，高宗即位后，应升为宫。宫的东配房名葆中殿，额为"古香斋"；西配房名浴德殿，额为"抑斋"。据《日下旧闻考》载："凡园亭行馆，有可静憩观书者，率以抑斋为名额。"因此，这里原是清高宗的读书处所。

毓庆宫原是清嘉庆帝为皇太子时居所。宫中的味余书室和知不足斋都是他旧日读书之处。"宛委别藏"则是嘉庆年间收藏四库别本的地方。

另外，东华门北的国史馆、文华殿前的内阁大库、西华门内武英殿前后用房、东六宫的景阳宫，也都藏有大量的历代册籍，只是所贮书籍的内容、规模、用途不同而已。

文渊阁

文渊阁是庋藏《四库全书》的地方，清乾隆三十九年（1774）敕建。阁面阔六间，前后出廊，分上下两层。室内加暗层，上覆以歇山顶，黑琉璃瓦镶绿色边，屋脊雕刻海水龙纹图案，檐下梁枋彩画，造型美丽。

文渊阁

乾隆三十九年（1774）在文华殿后明代的圣济殿（祀先医之所）旧址上另建文渊阁。乾隆四十一年（1776）建成后，同文华殿相连，成为外朝的一个组成部分。

文渊阁的环境经过周密的布置，阁后及西侧以太湖石叠堆绵延小山，植有苍松翠柏。阁东有一座四脊攒尖的方形碑亭，脊似驼峰，翼角反翘，仿江南建筑物形式。亭中矗立隆碑，上镌清高宗弘历撰写的《文渊阁碑记》。阁前凿有长方形水池，围以白石栏杆，栏板上饰有水族图案。池中引入内金水河河水，池上架有白石拱桥，人行甬道均以卵石和片石铺砌，造就一种幽雅的庭园气氛。

文渊阁的装修装饰同庭院的气氛也很协调。台基用城砖叠砌，上铺条石。平直的城墙为清水磨砖丝缝，前檐廊的两山各有券门，带有绿琉璃垂花门罩。彩画以冷色为主，立柱都用深绿色油漆。柱间下有回纹木栏杆，上有倒挂楣子。枋额绘有"河马负图""翰墨册卷"等题材的苏式彩画。

文渊阁前石桥侧景

阁顶正脊，绿色琉璃作衬底，紫色游龙腾越其间，再镶以白色线条的花琉璃。用这样几种冷色琉璃互相搭配，在紫禁城建筑中是十分独特的。文渊阁的构造，参照浙江宁波天一阁的形式，阁长34.7米，进深三间，底层前后均出檐廊，共深17.4米。文渊阁外观为两层，而内部实为三层，即利用上层楼板下的空间，联以回廊，作为中层，扩大了使用面积。

浙江宁波天一阁

天一阁，建于明嘉靖四十年至四十五年（1561—1566），由当时退隐的明朝兵部右侍郎范钦主持建造，是我国现存历史最悠久的私家藏书楼。阁内原有藏书大部分是明代刻本和钞本。

文渊阁前廊券门

阁前廊东西两山各辟一座白石券门，上配以绿色琉璃垂莲柱式的门罩，与灰色水磨丝缝的砖墙相衬，色调明快整洁。

文渊阁碑亭

文渊阁东侧有一碑亭，与阁同时建造。亭内有高大石碑一通，镌刻有乾隆帝撰写的《文渊阁碑记》，背面是文渊阁赐筵御制诗。

文渊阁内贮藏清代乾隆三十七年至四十七年（1772—1782）编成的《四库全书》，共计79 030卷，分装36 000册，纳为6 750函。

另外还藏有《四库全书总目考证》及《古今图书集成》。这些书分别贮藏于楠木小箱中，安置在上、中、下三层的书架上。在上下层正中明间，

均用书架间隔成广厅，中央置"御榻"，供皇帝在阁内举行经筵时使用。

《四库全书》成书后，共缮写七份，分藏于宫内文渊阁、圆明园文源

阁、承德避暑山庄文津阁、沈阳故宫文溯阁、江苏扬州文汇阁、镇江金山文宗阁、浙江杭州文澜阁，其中以文渊阁藏本为最精。

《四库全书》书影

《四库全书》全称《钦定四库全书》，是清代乾隆时期编修的大型丛书。在清高宗乾隆帝的主持下，耗时十三年编成。分经、史、子、集四部，故名"四库"。《四库全书》是中国古代最大的文化工程，对中国古典文化进行了一次系统、全面的总结，呈现出了中国古典文化的知识体系。

文渊阁苏式彩画小样

文渊阁内书楼和书架

文渊阁内宝座

文渊阁室内以书架为间壁，中央三间形如广厅。当中设宝座，即昔日经筵赐茶处。

摛藻堂、昭仁殿

摛藻堂位于御花园的东北隅，在浮碧亭迤北，是贮藏《四库全书荟要》的地方。摛藻堂面阔五间，前檐出廊，上覆黄琉璃瓦，硬山顶，坐落在御花园钦安殿的东侧。它北靠宫墙，南临池亭，西有凝香亭。摛藻堂里，排贮《四库全书荟要》，那是乾隆年间特命编纂诸臣选择《四库全书》中的精本录荟成的。当时缮就两套，摛藻堂里贮一套，另一套贮于圆明园长春园味腴书室。味腴书室的一套于咸丰十年（1860）为英法联军焚毁。

昭仁殿在乾清宫东侧，四周有墙，自成一院。主殿面阔三间，前带悬山卷棚抱厦。乾隆九年（1744）和

昭仁殿外景

昭仁殿是乾清宫的冬暖殿。乾隆年间利用这座殿宇贮宋、元、明时代的善本图书。清嘉庆二年（1797）失火，藏书全毁。同年重建昭仁殿，又集中藏了一部分古代善本书，称《天禄琳琅后编》。

嘉庆二年（1797），二次诏编宫内所存宋、辽、金、元、明各朝旧版秘笈藏于此殿。取汉宫藏书于天禄阁的故事而题匾"天禄琳琅"挂于殿内。殿之后，西室有匾为"慎俭德"，再后西室有匾为"五经萃室"，汇贮宋刻五经九十卷。

御花园摛藻堂外景

衙署及其他

　　紫禁城里，皇帝为便于行使统治国家的权力，设有许许多多直接为之服务的衙署、守卫值房和贮库等。这些建筑物的特点是建筑制度级别低下，外形较为简单，一般处在离外朝、内廷较远的地方。即使安排在三宫三殿附近，也只能占用辅助位置，如廊庑、配房等，其位置是根据它们的使用功能确定的。这些衙署按部门分，主要有内阁、军机处、九卿房、蒙古王公值房和内务府等。

茶库值房

　　内阁是明清两代设置宫中以辅佐皇帝办理国家政事的机构，主要是草拟和转达皇帝诏令，批阅和进呈官员的奏章文书。内阁用房按职掌分设在不同地段的建筑物中。

　　内阁公署设在午门内太和门前广场的东侧，由协和门和两旁的二十二间庑廊组成，其中设有诰敕房和稽察房。

其他内阁用房集中在文华殿之南的院落中。正房是内阁堂，堂内东厢为汉票签处、侍读拟写草签处、中书缮写真签处和收贮本章档案处；西厢为蒙古堂，专门翻译蒙、藏、回等民族文字和外国文字，以及管理蒙文实录、圣训等。西屋为满本房，校阅满文题本，缮写满文文件，收发进呈实录，管理实录库及皇史宬；东屋为汉本房，收发通本，翻译各项满文本单等。

内阁堂后的屋内设有满票签处、满票签档子房、稽察房和典籍厅，还设有中堂斋宿之所，其中典籍厅又分为南、北二厅，南厅收掌典籍厅大印，收发办理文稿及官员考绩等；北厅收掌国家宝玺和章奏，收藏红本图籍。

内阁大库包括红本库和实录库，都在内阁堂之东，是两栋砖木结构的二层库房，共二十二间。为避外火，以砖为表，不露木植。库内楼上楼下贮有明、清各种文档、舆图、卷案及大量史书等册籍。它们北面的国史馆贮有实录、会典等。

内阁大堂外景

内阁大堂位于紫禁城东南侧文华殿迤南，紧临城墙。堂面阔三间，进深一间，带前后廊，硬山造，黄琉璃瓦顶。清代的内阁是辅佐皇帝办理国家大事的机构，内阁大堂是内阁官员办事的地方。

军机处

军机处位于乾清门外西边隆宗门内北面一排连房的中间，其西为内务府大臣办事处，东为侍卫值房。军机处建筑简单，与一般值房并无差异，但却是清代最高的政府机关。由雍正七年（1729）到辛亥革命（1911）止的一百八十多年间，是清廷发号施令的地方。军机处曾有"办理军机事务处""总理处"等名称，本是雍正七年设立的内阁分局，后来随着许多机密政务都由内阁转到军机处办理，直接受皇帝支配，地位逐渐变得重要、突出，而成为朝廷的中枢机构。皇帝最亲近的人才能充任军机处大臣，一切政事也都由他通过内奏书处进呈皇帝。

军机处于每次军功告成之后，由军机章京纂辑方略，存入武英殿之北的方略馆内。午门内西庑二十二间中

军机处内景局部

章京值房外景

军机处

军机处值房不仅外形卑小，内部陈设也非常简陋，除椅桌外，别无他物。值房南壁上有雍正七年雍正书的"一堂和气"匾一方；咸丰时太平天国运动被镇压后，咸丰帝写了"喜报红旌"匾一方作庆祝，挂在东壁。

的继书房，也属军机处所辖。

清雍正七年，为了应付西北准噶尔部的叛乱，特别命一些满、汉军机大臣在乾清门西边小板房入值，随时等候皇帝召见。这原是一个临时性参谋部，后成为正式机关，所管理的事也不限于军事范围以内，而是掌握全国的军政要务。

军机处小板房在乾隆时代扩建成现状的瓦房。这里距养心殿很近，方便皇帝召见议事。

军机垫

军机处外景

其他

清代皇帝在乾清门"御门听政"或在内廷召见官员时，九卿衙门的主要官员——吏、户、礼、兵、刑、工等六部尚书，都察院的左都御史，大理寺的大理寺卿，通政使司的通政使，都在乾清门外的九卿房值候。蒙古的贝勒、贝子、王公须在蒙古王公值房值候。

九卿房在景运门内北侧，蒙古王公值房在景运门内南侧。这里与隆宗门里的军机处虽然相距不远，却不准到军机处去同军机大臣攀谈，违者重处不赦。

宫内膳房甚多，其中最大的是箭亭东的外膳房。养心殿南有御膳房，专做皇帝用膳、各宫馔品及各处供献节令宴席。东西六宫及太后宫，另有小膳房。

九卿房外景

蒙古王公值房外景

箭亭建在景运门外的广场上。广五间，周围带廊，上覆歇山屋顶，为武进士殿试阅技勇之处。在奉先殿诚肃门外及养心殿北的启祥门等处都建有侍卫值房，立旗守护。太监总管住在坤宁宫北的静憩斋中。

宫中有关机构

内务府公署设在西华门内、武英殿北，掌管宫廷内务一切事宜，又设奉宸苑、武备院、都虞司、慎刑司、营造司和庆丰司。其中同宫中有关的机构分述如右表。

箭亭

箭亭位于奉先殿南面的一片开阔平地上，又名紫金箭亭，是清代皇帝及其子孙练习骑马射箭的地方。箭亭虽然名为"亭"，实质上是一座独立的殿堂。箭亭外观，亭角微翘，房脊成人字形墁坡，二十根朱漆大柱承托回廊屋架，减少了中国古代建筑中特有的斗拱重叠的层次，是清代少有的建筑形式。乾隆帝和嘉庆帝都曾在这里射过箭，操演过武艺。每当皇帝及其子孙在这里跑马射箭时，亭前摆起箭靶，八扇大门全部打开，人站在亭内开弓放箭，列队两边的武士摇旗擂鼓助威，情景热闹。

启祥门正面

箭亭外景

武备院	管辖四库：甲库，专管盔甲刀等器械，设在体仁阁南的八间库房里；毡库，专管弓箭靴鞋毡条等，设在昭德门内东西十一间庑房里；北鞍库，专管皇帝用的鞍辔、伞盖、账房、凉棚等，设在左翼门内南北各四间庑房和体仁阁四间南庑房里；南鞍库，专管宫用的等物，设在昭德门东的角楼里。
上驷院	曾名"御马监"，设在东华门内南三所之南，管理皇帝乘坐的御马。马厩就建在院署之旁，兼管南苑内厩。在紫禁城的西北角，有马神庙，每年春秋为皇帝所乘坐的马匹祀马神。
广储司	当管六库：银库、缎库、衣库、茶库、皮库和瓷库。银库设在太和殿西弘义阁里；铜器存在中和殿西庑房里；自鸣钟和御用冠服、朝珠存在乾清宫东的端凝殿里；缎库设在太和殿东体仁阁及中右门外的西庑房里；衣库设在弘义阁南的庑房里。北五所敬事房之东有四执库，也管理御用的冠袍、带履等物。武英殿西的尚衣监，是制作御服之所。茶库设在太和门内西庑房和中左门内的东庑房里，东六宫之东也专设有茶库及缎库。乾清宫东庑设有御茶房；皮库设在太和殿前的西南崇楼和保和殿东庑房里；瓷库设在太和殿前西庑及武英殿之西。
太医院	设在东华门北侧，专为皇帝看病。院旁有御茶房。另外端则门南与北五所的敬事房之西，还有寿药房。

3

建筑结构与装饰

台基 栏杆

我国木构建筑中，台基、屋身和屋顶为房屋的三个主要组成部分。商周以来，在宫殿建筑中，台基的发展是极为突出的。战国时各地诸侯以宫室的高台榭为美，台基日趋讲究。高台周围需设栏杆，因此台基与栏杆连为一体。而在最高等级的建筑里，把佛教中象征世界中心的须弥山的佛像基座——须弥座移植到房屋的台基上，更增加了建筑的神圣与庄严感。北宋的《营造法式》里也有"重台钩阑"的做法。

祈年殿

明代建筑对台基的设计极为考究。永乐年间修建的三座最高等级的建筑物——紫禁城奉天殿（今太和殿）、天坛祈年殿和长陵棱恩殿都是以三重白石台基、须弥座加栏杆为基座，使建筑物造型庄严、比例得当，更显得宏伟壮丽。这一成就发展了中国建筑台基的功能，把整座建筑造型推向了一个新的高度。不难想象，如果奉天殿、祈年殿和棱恩殿这三座建筑舍去下部的三重基座，是无法达到今天我们所能见到的这种庄严雄伟的艺术效果的。而在同样采用三重台基栏杆的做法中，又按建筑本身的造型布局及功能要求

前朝三大殿三台及汉白玉栏杆

的不同，分别采用圆形（祈年殿），矩形（棱恩殿）和"工"字形（奉天殿）三种不同的平面处理方式，显得各有特色。奉天殿的一组建筑把前后三个建筑物统一处理在一个高大的"工"字形基座之上，更突出了帝王至高无上的气势。

三重台基栏杆的做法在中国古建筑来说是极个别的。一般重要殿堂多用单层须弥座上围白石栏杆作为建筑的台基，如故宫的太和门、乾清门、宁寿门、乾清宫、皇极殿前部、钦安殿、奉先殿、武英门、武英殿、英华门及英华殿等，其殿前多设月台，栏杆望柱下挑出螭首。

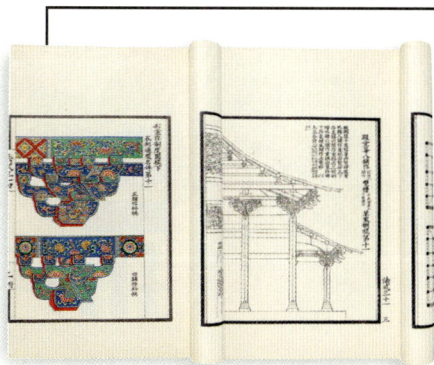

重台钩阑

重台钩阑又名"重台勾阑"，是宋式栏杆的一种，主要特点是有上下两层，皆有华板，所以又称为"重台钩栏"。关于重台钩阑的形制，在《营造法式》中也有较清楚的规定：每段高 4 尺，长 7 尺，华板上雕刻有精美的花纹，非常漂亮而显华贵。

御路

　　殿前踏垛的中间，随着踏垛坡度斜铺着巨石雕刻，称为"御路"。

太和殿前御路

太和门前内金水桥御路

太和殿月台部云台流云龙阶石御路

　　三台前后的御路各有三大块，保和殿后三台下面一块御路石长达16.57米，宽3.07米，是一块完整的巨大艾叶青石雕。石质柔韧，雕刻精绝。周边是连续的浅浮雕卷草图案，上面雕着云气纹，下端是海水江涯，中间九条蟠龙衬托在流云中，神态自然，雄健生动。两侧踏跺浮雕着狮马等图案，主次分明。此御路用材之巨，雕凿之精，造质之佳，以及艺术处理之妙，堪称古建石雕艺术的国宝。

乾清宫月台前石雕锦纹百花衬底蟠龙御路

皇极殿月台前石雕锦纹白花衬底蟠龙御路

承乾宫前石雕双凤纹御路

保和殿后三台下部云龙雕石御路

太极殿前石雕双龙御路

养性殿前石雕水纹双龙御路

栏杆

栏杆由栏板和望柱两部分组成，置于台基之上。栏板由寻杖、荷叶净瓶、华板三部分组成，其中花纹变化较多的是华板部分，刻有海棠线纹、竹纹、水族动物、方胜、夔龙等图案。

钦安殿更具特点的是穿花龙华版，雕刻有精美的图案，其中心部位是两条行龙，一条在追逐火焰宝珠，另一条在前面回首相戏，须发飘动，鳞爪飞舞，神态活现。龙的衬底是各种花卉，每块栏板的花纹组织又各不相同，栏板周边是统一的二方连续图案，其下是锦地，上边为卷草纹，整个画面组织得极为和谐。

御花园万春亭方胜纹栏杆

清式钩栏示意图

文渊阁前水池雕水纹及水族动物栏杆

太和殿前三台石栏杆

御花园钦安殿台基上双龙戏珠水纹栏杆

《营造法式》内的钩栏华板

太和殿前三台石栏杆

皇极殿前月台石栏杆

御花园钦安殿穿花龙栏杆

太和殿前三台螭首

宁寿宫花园碧螺亭梅花形柱础

	甲	乙	丙	丁	戊	己
上	29	37.5	13	47	8	22
中	29	36	14	48	6	23
下	29	36	16	60	6.5	27.5

太和殿三层螭首比较表

	甲	乙	丙	丁	戊	己	庚	辛
上	60	22	22	92	88	106	57	54
中	72	20	24	104	87	140	75	62
下	79	26	27	120	100	162	82	74

太和殿三层角部螭首比较表

太和殿栏板花饰图　单位：米

御花园钦安殿穿花龙纹样抱鼓石

宁寿宫花园禊赏亭石雕竹纹栏杆

皇极殿清式抱鼓石

望柱头

　　望柱头的图案装饰，随着使用功能要求的不同而有变化。三大殿是皇宫的中心部位，也是皇权的象征，因此作为它的台基的三台栏杆的望柱头，全都采用龙凤纹图案。三大殿四隅崇楼周围栏杆的望柱头，由于建筑物本身地位次要，望柱头上的纹饰也就采用较次要的二十四气的图案。花园中的亭、台、楼、阁，周围所用栏杆的望柱头的图案是石榴头、云头、仰覆莲、竹节纹。武英殿东断虹桥两侧的石栏杆的望柱头的雕刻最突出，

钦安殿龙纹望柱头

钦安殿凤纹望柱头

钦安殿龙纹望柱头

望柱头成荷叶状，叶边翻转折叠，生动自然。荷叶上是盛开的莲花，有三层花瓣，包着莲蓬。顶上雕有狮子，姿态各异，雌雄有别，有的昂首挺

胸，正襟端坐；有的侧身转首，回环四顾；雄狮戏耍绣球，母狮抚弄幼子。那些小狮，大的其高度只有10厘米，小的其高度仅几厘米。它们在母狮身

旁爬、翻、滚、伏，有如小儿之撒娇，顽皮天真，极为生动。这是紫禁城宫殿保存下来的望柱头中的佳品。

神武门海石榴望柱头

御花园澄瑞亭蕉叶形望柱头

断虹桥狮子望柱头

御花园澄瑞亭蕉叶形望柱头

梁架

　　紫禁城宫殿中各类形式的殿堂楼阁，在外观上各具独特的艺术风格，这与建筑的内部构架是分不开的。

　　中国木构架体系发展到明代，宫式建筑已经高度标准化、定型化、规格化。紫禁城宫殿是工部直接营建的，因此它更是当时工程的典范，是宫式做法的代表。木构架有抬梁、穿斗、井干三种不同的结构方式，抬梁式构排架使用最为普遍，紫禁城的房屋也都是采用这种方法。

角楼角梁后尾

　　一般木构架是沿着房屋的进深方向，在石柱基础上立柱，柱上架梁，梁上再置爪柱，柱上再架梁，逐层缩短，层层叠架，形成屋面的坡度，所以这种做法称为抬梁法，也称叠架法。在排架之间，用横向的枋子联系脊爪柱的上端，并在各层梁头和脊爪柱上安装与排架相交的檩条，然后檩上钉椽承托屋面荷重，组成纵横牵连的构架。

角楼抱厦大木结构

钟粹宫梁架模型

钟粹宫外景

后右门梁架结构

隆宗门梁架结构

昭德门梁架结构

太和门内梁架

后右门梁架结构

畅音阁后扮戏楼屋顶梁架结构（檩子绘八卦图）

皇极殿雕龙浑金雀替

雀替是中国建筑中的特殊名称，安置于梁或阑额与柱交接处承托梁枋的木构件，可以缩短梁枋的净跨距离。也用在柱间的挂落下，或为纯装饰性构件。在一定程度上，增加梁头抗剪能力或减少梁枋间的跨距。宋代称"角替"，清代称为"雀替"，又称为"插角"或"托木"。

太和殿大小额枋及雀替

硬山顶、悬山顶、庑殿顶

　　宫殿建筑的屋顶形式多样，其复杂的部位多在两端。如把两端的砖墙砌成与瓦顶坡度相同，从侧面看，形如"山"形的墙壁，称为硬山顶。紫禁城中低等级的房屋如耳房、廊庑，甚至内阁大堂的屋顶，都属此类型。

　　比硬山顶稍高一级的房屋是悬山顶。它是把房屋两端的檩条挑出，上覆椽、望、瓦顶。在紫禁城主要庭院中，如文华、武英殿的配殿，神武门东西值房，西华门内外值房，多用这种形式的屋顶。

　　高级的房屋为庑殿式。是把屋顶做成向四面流水的四大坡，由于四面都是圆和的曲面，所以宋、元以前把这种形式称为四阿式或四注顶。新石器时代的仰韶文化（陕西宝鸡金河南岸遗址发掘中）就有这种形式的草棚。室内中央，有两根支柱，构造虽简陋，但从造型来看，它是雄伟殿堂的雏形。中国现存庑殿顶的最早大殿——山西

单檐庑殿顶

悬山顶

重檐庑殿顶

滴水坐中

博缝

卷棚排山勾滴

饿檐砖
上线砖
枭砖
混砖
下线砖

硬山墀头及博缝
保和殿　西库房　实测　琉璃

省佛光寺大殿，是唐代四阿顶的代表作。但是这种类型的建筑庄严有余而富丽不足，所以紫禁城的最主要宫殿并未使用这种单檐殿顶，只有英华殿、景阳宫、咸福宫的前殿、奉先殿后殿承光门以及体仁阁、弘义阁一类较次等级的建筑才采用此种形式。

为了给庄严隆重的庑殿式增加富丽气氛，在四阿顶的下面增加一层腰檐，称为重檐庑殿顶。这类型的建筑等级最高，在紫禁城中只有外朝的太和殿、内廷的乾清宫、坤宁宫与家庙奉先殿、太上皇的皇极殿以及紫禁城的四面城楼为这种形式。

山西省佛光寺大殿外景

硬山顶

清式庑殿歇山硬山卷棚屋顶琉璃作示意图

琉璃通分八样，每样有标准尺寸，按柱高十分之四定吻高，然后用高度相符或相近之吻定样数，本图制图按三样琉璃尺寸绘制。歇山垂脊前之垂兽位于挑檐桁上，庑殿垂脊前之垂兽位于正心桁上。帽钉路数二样至四样，每陇三路，五样二路，六样以下每陇一路。

正脊断面

歇山大脊正面

庑殿正面立面

庑殿山面立面

脊

博缝

扣脊筒瓦
赤脚通脊
黄道
大群色条
正当沟

剑靶
背兽
吻座
排山勾滴

剑靶
每柱高一丈
得吻高四尺
半吻高

吻座吻下当沟
斜当沟
垂脊

扣脊筒瓦
垂脊
压当沟
正当沟

平口条
筒瓦
瓦板

博缝板

垂兽

满面黄
蹬脚瓦
博脊
群色条

合角
斜当沟
角脊吻
角脊

扣脊筒瓦
斜当沟
压当沟

用筒瓦一块

垂脊高九扣
戗脊高按

垂挂
博尖脊
博脊
山花板
山脊博脊瓦
博缝板

承风博脊连砖

莲座
戗兽

重檐下檐博脊断面及立面

角脊断面

歇山垂脊及博脊断面

歇山山面立面

歇山正面立面

托泥当沟 勾头 滴水 帽钉

单数
走兽
仙人
方眼勾头
撺头
搁头
螳螂勾头
遮朽
套兽

歇山顶

　　比庑殿顶略低一级的是歇山顶。它是悬山和庑殿顶的结合形式。这种屋顶的上部，两端用山花博缝如同悬山顶，但其檐部为四坡水，由于它的两端比悬山顶增加了两厦，所以在宋以前称"厦两头造"；又由于它的上部有正脊与四垂脊，檐部有四条岔脊（角脊），共计九条脊，所以又称九脊殿。直到清代雍正十二年（1734）拟定《工程做法》时，才按房山坐在厦头的情况称为歇山顶。其构造多是用扒梁法承托"采步金"，采步金承载两山的桩椽，椽上卧踏脚木，立草架山花，形成歇山顶两端的骨架。

　　这种形式的屋顶玲珑、富丽、庄严、美观。紫禁城的多数殿、阁、门、楼都采用这种形式。东西六宫的多数前殿也是歇山顶。采步金有如梁或檩的做法：当椽后尾入槽，又似承椽枋，枋下又有采步金枋做法，上下都在同一缝。

　　歇山顶也有重檐的做法，称重檐歇山顶，多用于高大的殿阁，如天安门、端门、太和门、保和殿、宁寿宫、慈宁宫等。重檐的做法有多种构造，一般是在下檐大梁上再立接短柱（叫作童柱），以支承上檐梁枋，然后按逐层叠架的方法，做出构架，并按单檐歇山的构造做出厦头和山花。

歇山式的屋顶，在西汉已有了雏形，不过最初是在悬山顶下的山墙上挑出一面厦子，犹如一坡水的雨搭棚，两个顶子瓦庑牵联，到东汉时才把两者结合成一体，形成九脊殿的形式。现存最古的木构建筑唐代建中三年（782）的南禅寺正殿，便是歇山顶的最古实例。宋朝的歇山顶建筑很多，宋画中的《黄鹤楼》及《明皇避暑图》中的"十字显山"屋顶，就是两个歇山顶纵横相交的造型，显得玲珑秀丽。由于歇山顶的山面很美，有的建筑把歇山顶的山面转向前，如北宋皇祐四年（1052）的河北正定隆兴寺牟尼殿的四面抱厦，颇为别致。紫禁城的角楼，就是模仿宋画与元大内宫墙的"十"字脊四面显山三趓（音躲）楼建造的。

宋画《明皇避暑图》

重檐歇山顶

保和殿重檐歇山顶

攒尖顶、盝顶、卷棚顶

　　紫禁城角楼是用六个歇山顶勾连组合为一个整体。三层屋檐计有二十八个翼角、十面山花、七十二条脊（不包括脊后掩断的十条脊）。特别难得的是室内整齐利落，没有一根落地柱子，室外不见梁头，造型玲珑而庄重，檐牙交错而统一。传说当年营建角楼时，由于设计难度很大，设计者虽废寝忘食地去构想，也难合乎理想。这情形感动了鲁班下凡，手提一个蝈蝈笼到他面前。这并非一般的蝈蝈笼，而是设计者渴望的角楼模型，后来就依照这个模型，设计施工，才有角楼这奇异的建筑成果。这个故事虽然是神话，但它反映了角楼的设计难度与用模型设计的优点。

　　此外，紫禁城中还有许多类型的屋顶，花园中的凝香、玉翠、御景、耸秀、撷芳等亭为小巧玲珑的四角攒尖顶，作为庭园的配景；还有用在主要殿阁之上的，如中轴线上的中和殿和交泰殿，在攒尖顶上覆以镀金圆宝顶，象征天圆地方之意。乾隆花园的主要建筑符望阁，为高大楼阁，其屋顶也是这种类型。四角攒尖也有用重檐的做法，以增加其富丽感，如建福宫轴线上的惠风亭、午门四角亭就是

四角攒尖顶

交泰殿四角攒尖顶

圆形攒尖顶

御花园万春亭圆形攒尖顶

御花园西井亭盝顶梁架结构

这种类型。乾隆花园碧螺亭为五角攒尖顶；奉先殿宰牲亭为六角攒尖顶；御花园四神祠为八角攒尖的勾连搭顶；千秋、万春亭的上顶为圆攒尖顶；文渊阁碑亭为形似古代将军盔状的盔顶；井亭的屋顶多是四周宽瓦中心留洞，上顶露天的瓦顶。又有外形轮廓形似古代存放印玺的匣匣"盝"，所以把这种屋顶叫作"盝顶"。紫禁城御花园的主殿钦安殿和元大内的"盝顶殿"，属于这种类型，但由于屋顶的围脊内做成微带坡度的平顶，并施重檐，而成为大殿的类型之一。

紫禁城的盝顶构架中，有一座小巧玲珑的井亭，下架为四方形的平面，在四根柱子的顶上承托着两端悬挑的"扁担梁"。由于其方向为抹角的斜梁，于是四根斜梁与檐檩搭交，形成八角形的盝顶，从两头悬空的檐檩来看，犹如横卧在扁担两头自由端点之上。使人惊奇的是，在未宽瓦之前，是不太稳固的，但是加上宽瓦后的屋顶重量，则稳如泰山。这个井亭虽历五百年而无甚变化，尤其近五年虽经多次地震，也无任何毁损，全由于设计中充分掌握了力的平衡原理，以及施工时的胆大心细所致。

盝顶

御花园钦安殿重檐盝顶

卷棚顶

钟粹门内卷棚顶

斗拱

　　中国古代木构架建筑在发展过程中，利用悬挑梁的杠杆作用，创造出以方形坐斗为垫承托横木，上再置方斗，逐层叠挑，承托梁檩的办法。由于方形的垫块形似量器中的斗，横木两端抹角做成弓形的拱木，因而把这组构件叫作斗拱。

山西省晋祠圣母殿宋式斗拱

　　斗拱的起源很早。出土的东周文物中已有了一斗二升斗拱的先例。汉朝的斗拱运用发展很快，不仅在木构架上用斗拱承托屋檐与楼阁的平座（古代楼阁中把周圈挑出的阳台叫作平座），而且东汉时的石阙、石墓上也广泛应用了斗拱。唐代斗拱已向纵深发展，用多层杆状的杆件挑出深远的屋檐，斗拱规模雄大。宋以后斗拱逐渐缩小，到了明、清两代，建筑的开间增大，每间的斗拱则数量增多。

　　一座木构建筑的结构杆件，少则百十件，多则上千件，要把这些杆件组合成一体，一般是用榫卯结合的方法。但殿式大小木除用杆件间的榫卯直接结合外，还增加以斗拱作为过渡传力的间接结合。这种结合方式等于增加了梁托，扩大结点的接触面积，增加了构架的抗弯、抗剪、抗压和抗震功能。

钟粹宫角科斗拱、柱头科及平身科斗拱模型

太极殿平身科斗拱后尾

溜金斗拱

太和殿的正中一间，在两柱之间的斗拱达八攒之多，上下两层檐都是溜金斗拱。这种斗拱从等级制度来说是最高级的类型，其特点是在后尾有较长的秤杆与邻近的内部勾连，加强了构件的整体性。

根据挑出的层数，斗拱有多种规格，使用时根据殿阁的大小、等级的高低而定。高大殿阁的斗拱也多高大繁复，出挑的层次也多。太和殿的下檐斗拱挑出四层（高为九材），上檐斗拱挑出五层（高为十一材），是斗拱中挑出层次最多的孤例。一般殿堂的斗拱挑出层次较少，配房廊庑如神武门值房、储秀宫配房等多不做挑出的一斗三升斗拱。这样的安排，不仅造型的权衡比例很合宜，而且在力学上也较合理。因为大殿的屋顶面积大，出檐大，斗拱的荷重大，所以用功能强、探挑层次多、弹性好、出挑多的斗拱；而廊庑的斗拱负荷小，出檐小，所以有不同的安排。

太和殿一层溜金斗拱殿内部分

上檐斗拱平面

上檐斗拱立面

下檐斗拱立面

斗拱横断面

下檐斗拱平面

乾清宫斗拱细部　单位：米

桁椀后带夔龙尾
撑头木后带秤杆
蚂蚱头后起秤杆带举六分头
昂后带举六分头接菊花头
菊花头
三福云头
麻叶头
覆莲捎头

挑金

清式五踩溜金斗拱

神武门溜金斗拱角科后尾

举

太和殿溜金斗拱

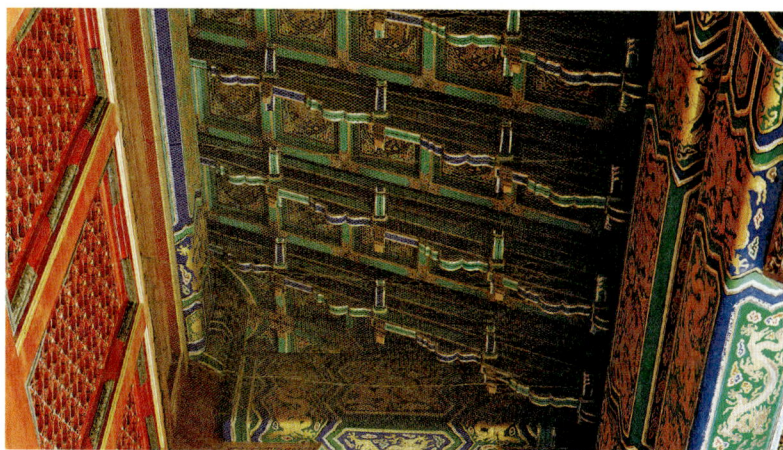

"品"字斗拱、平身科斗拱、挑金斗拱

斗拱的布置，一般都安放在房屋周围的檐柱、额枋、平板枋上。大型殿阁还在房屋的檐下布置周圈斗拱。这种斗拱的形状是里外两端对称，从侧面看犹如逐层叠铺的"品"字。古建中把这种对称悬挑、左右均齐的斗拱称为"品"字斗拱，其作用除支承上架梁柱与天花外，还起到上下大木构件的弹性结点作用。

斗拱在梁枋之间，其功能犹如现在车辆所采用的钢板弹簧弓。虽然用材不同，但层层叠挑的原理是一样的。

尤其把木材做成许多小木枋，更增加了弹性作用。因此太和殿的屋顶重量虽达两千余吨、屋脊与地面的距离为35.05米，脊上还竖有两件3.4米高、4.3吨重的大吻，但在大地震的强烈摇晃中并未甩掉，反而有些矮小房屋

清式五踩平身斗科　单位：米

侧视图　　　正视图　　　仰视图

桁椀　正心桁　斜盖斗板　盖斗板　挑檐桁　正心瓜拱　垫拱板　平板枋

1. 坐斗　　9. 里拽瓜拱　17. 麻叶头
2. 十八斗　10. 里拽万拱　18. 正心枋
3. 三才升　11. 厢拱　　　19. 井口枋
4. 槽升子　12. 翘　　　　20. 挑檐枋
5. 正心瓜拱 13. 昂　　　　21. 拽　枋
6. 正心万拱 14. 蚂蚱头　　22. 撑头木
7. 外拽瓜拱 15. 菊花头
8. 外拽万拱 16. 六分头

皇极殿斗拱

会墙倒屋塌，这个对比足以说明斗拱的抗震功能。

其次，古建筑出檐深远，檐部便要负荷很大的重量。明、清宫殿的出檐虽比唐、宋略小，但为了保持内外平衡，除用平身科斗拱分担檐部荷重外，并把秤杆尾部拉长到下金桁枋之间的称为溜金斗拱去分担。还有一种斗拱后尾悬空，如文华门、太极殿的斗拱，其平衡作用是依靠檐部的荷重过大，后尾势必上挑的反力，挑着金桁枋，非常巧妙，这种做法称为挑金斗拱。这不仅利于承托檐部重量，而且还给内部的金檩增加了支点，使金檩成为多跨连续梁，从力学来看这是很科学的。

文华门挑金斗拱后尾

御花园万春亭角科斗拱后尾

太和门内"品"字科斗拱

屋面装饰

中国古典建筑是非常讲究造型艺术的，即使是屋顶的轮廓装饰也颇考究。屋面坡度的曲线自然柔和，檐角向上翘起，确有"如翚斯飞"的形象。宫殿建筑再配上多种琉璃构件，这不仅是结构上的实用，也是屋面上重要的装饰。有了这些装饰，屋顶显得巍然高耸，如翼轻展，增加了外观的优美。

宁寿宫花园如亭宝顶

紫禁城的大小宫殿、楼堂馆舍、亭轩廊庑，大都是用不同颜色的琉璃瓦覆盖。根据建筑物的功能和等级来确定屋面装饰，而屋面各类型脊的使用和瓦件的选择是根据各种不同的屋顶样式进行装饰的。屋面所覆的瓦有板瓦和筒瓦之分，板瓦面微凹，扁而宽，相叠成行，并比排列；筒瓦即半圆形瓦，覆盖板瓦两行边缘，相接成陇。屋顶上安装多种形象的琉璃饰件，如在正脊和垂脊相交处置正吻，檐角还有仙人和多种样式的小兽。歇山的两侧有山花，通常雕饰成金钱寿带。悬山顶的两头加博缝板，并钉有梅花钉加以装饰等。

养心殿西配殿屋顶滴子、勾头及帽钉

角楼铜镀金宝顶

屋顶式样

中国古代建筑，每座殿宇屋面的装饰，无论是屋顶样式或琉璃构件的选择，都是从整体效果去考虑和安排的。以前朝的三大殿为例，太和殿是重檐庑殿顶，保和殿是重檐歇山顶，两殿之间布置一个矮小的四角攒尖式

的中和殿，参差变化。四周配房门庑各殿屋顶式样又与三大殿主体相配合。正门——太和门是重檐歇山顶屋面，太和殿前左右对称的东配楼体仁阁、西配楼弘义阁的屋面同是单檐庑殿顶，两阁之南还有东西相映的单檐

中和殿宝顶实测图
单位：米

宁寿宫花园碧螺
亭琉璃宝项

歇山顶的屋面，形成以太和殿为主体的广大庭院。其后又有以保和殿为主的第二进院，两庑是连檐通脊硬山顶的屋面。三大殿的四隅再各有重檐歇山顶方形的崇楼。这样的屋面装饰变化，不仅区别主次，而且在统一中又有多变的艺术风格，使整个宫殿在严谨中又有生动的气氛。

交泰殿铜镀金宝顶

御花园浮碧亭琉璃宝顶

御花园千秋亭琉璃宝顶

琉璃构件 · 大吻

太和殿是皇帝的大朝正殿。殿顶是用中国古代最尊贵的重檐庑殿式，屋面是五条脊四大坡。殿顶端正脊（也称大脊）两头装饰着龙形的大吻——张口吞脊，尾部上卷，背插留有剑把的宝剑。大吻在宋代《营造法式》中又称"鸱吻""正吻"。据《唐会要》中所记："汉柏梁殿灾后，越巫言海中有鱼，虬尾似鸱，激浪即降雨，遂作其像于屋上，以厌火祥。"建筑师们将这种传说中的动物形象加以美化装饰，并用宝剑镇之在脊端，以寄托去除火灾的希望。

太和殿的正吻由十三块琉璃构件组成，每两个琉璃构件相接处都用铜鎏金的铁钉（俗称扒锔子）固定把牢。吻通高3.4米，重4.3吨。

2.68

太和殿重檐博脊

单位：米

太和殿屋顶正吻　　　正吻位置

琉璃构件·檐角小兽

殿顶檐角小兽按规定的顺序由前而后分别是龙、凤、狮子、天马、海马、狻猊、押鱼、獬豸、斗牛、行什，最前端还有一个骑凤的仙人。明、清时各种琉璃装饰构件的式样和大小也是由宫殿的等级决定的。檐角小兽是十个。乾清宫是皇帝居住和办理政务的地方，其地位仅次于太和殿，因此屋面装饰的琉璃构件也小于太和殿，檐角小兽用九个（减去行什）。坤宁宫明代是皇后的寝宫，清代是祭神和结婚的洞房，屋面装饰瓦件也缩小型号，檐角小兽是七个，减少獬豸、斗牛、行什三个。东西六宫是妃嫔的生

神武门内值房檐角仙人和走兽

宁寿宫花园撷芳亭檐角仙人和走兽

活区，屋面瓦件又小一些，檐角小兽是五个。其他配殿和门庑比主殿屋面琉璃瓦件相应缩小型号和减少檐角小兽。一些用琉璃瓦装饰的小房和门的屋顶，所用的琉璃构件型号就更小了，而檐角的小兽有的仅用一个或者不用。明、清时代屋面所用的琉璃构件的建筑材料进一步标准化，这不仅能统一规格，加快施工进度，同时也反映了封建等级制度的森严。

龙

凤

狮子

仙人

天马

海马

押鱼

斗牛

獬豸

狻猊

行什

太和殿檐角小兽

太和殿檐角

太和殿檐角仙人和走兽

内外檐装修

装修，分外檐装修和内檐装修两种。紫禁城各宫殿内外檐装修之丰富，题材之多样，工艺之精美，室内空间分隔和组合的构思和技巧之精湛，为前代所罕见。外檐装修的门窗，开始是为了避风雨、防寒暑和采光的需要；内檐装修的各种花罩和隔断，开始也是为了居住的方便，但宫殿内的装修，经过了艺术加工，也就更富有装饰趣味。

外檐装修是露在建筑物外面的门窗部分，种类很多：门，有隔扇门、板门、风门、屏风等；窗，有槛窗、支摘窗、横披窗、什锦窗等。

内檐装修是建筑物内部划分空间组合的部分，类型多样。特别是后妃寝宫的内檐装修选料考究，花纹雕饰精美。室内常用隔扇门（也称碧纱橱）、板壁、博古架或书架遮隔，使室内产生既分隔又有联系的效果。

菱花钉

菱花纹图案是三根或两根直根相交形成的图形，相交处附加花瓣而成为放射状的菱花图案，木条交叉点上有圆形的金色菱花帽钉，称为菱花钉。三根直根相交称"三交六椀菱花"，两根直根相交称"双交四椀菱花"，大多运用在隔扇和槛窗。在紫禁城，菱花纹在窗格装饰上有严格的等级规定，凡用三交六椀菱花的门窗属最高等级，往下依次为双交四椀菱花、斜方格、正方格、长条形等。

乾清门内实榻大门

左上	**乾清门内实榻大门上的铺首**
右上	**宁寿宫门钹**
左下	**宁寿门内实榻大门上的铺首**
右下	**宁寿宫花园衍祺门内实榻大门上的铺首**

铺首

铺首，又叫门铺。紫禁城内各处的大门上大多是兽面铺首，多为铜面叶贴金其兽面的形象，类似雄狮，在卷发中有一对犄角，凶猛而威武，这与宫殿前陈设狮子有同样意义。兽面口衔门环，环下垂，但多数不能活动。环下有月牙形托，环与托上都有行龙花纹。

乾清宫内暖阁板门及毗卢罩

外檐装修

　　各主要宫殿通常用隔扇门和槛窗。隔扇门的上部称隔心，下部是裙板，较大的隔扇门还加绦环板。槛窗没有裙板，而建于槛墙之上。

　　外檐装修最高等级的花纹式样有双交四椀菱花隔心，三交六椀菱花隔心和三交球纹椀菱花隔扇等。例如太和殿外檐的门窗用的都是三交六椀菱花隔心，门窗下部是浑金流云团龙及翻草岔角裙板，贴

北京典型四合院住宅鸟瞰

太和殿三交六椀菱花隔扇门、团龙浑金裙板

金看叶和角叶的金扉金琐窗，华贵富丽。后妃生活区的外檐装修，在清中叶以后出现了大琉璃框的门窗，外加可开可关的支摘窗。窗花纹的图案更多姿多彩，如有步步锦、灯笼框、冰裂纹、钱纹、盘肠、"卍"字、回纹等。

东六宫之一的钟粹宫，其隔扇门的裙板和横披窗都是雕刻着别具风格的竹纹，与周围廊庑、垂花门、屏门相配合，组成三合院的庭院住宅形式。

铜铪锧龙双人字拐角叶

三交六椀菱花隔心

保和殿菱花隔扇夹纱隔心实测图 单位：厘米

交泰殿隔扇门龙凤纹裙板

皇极殿西庑隔扇

御花园万春亭三交六椀菱花隔扇门及帘架

绛雪轩封门五蝠捧寿隔扇门

漱芳斋院东屏门

装修断面

上槛
0.64×0.4

齐

连槛
0.252×0.14

帘架心

抹头
0.28×0.336

风槛高厚同抱框

齐

绦环板
群板
厚0.112

踏板
厚0.28

槛墙厚按柱径
加三寸定厚

凡次稍间安装
槛窗上替椿横
披挂空槛，俱
与明间相齐。
上抹头与隔扇
上抹头齐，下
抹头与隔扇群
板上抹头齐。
余安风槛榻板
槛墙。

下槛
0.80×0.40

0.56

帘架

帘架心

隔扇

隔扇

一棂二空
棂子空当

柱径

3

2

1

0

0.5

荷叶墩　高0.376

隔扇帘架实屉隔心详图　单位：米

御花园钦安殿四抹球纹隔扇门

D= 柱径 =1.00尺
H= 门高 =8.56尺

额0.08H × 0.03H

格眼高按二份障水版高

一寸则每瓣长七分广三分
球文径三寸至六寸每环径

腰华版
厚0.04H

用双腰串

障水版高
格眼高

桯

地栿0.07H × 0.03H

抟柱颊0.05H × 0.03H

宋式四斜球文格子门

白球文格眼，及两明造，门作八尺五寸六分。按《营造法式》卷七小木作制度二绘。

养心殿钱纹隔扇门、四合如意头裙板

漱芳斋博古纹挂檐板

乐寿堂西梢间槛窗

中左门双交方格槛窗

弘义阁直棂推窗

宁寿宫花园古华轩东侧露台下层钱纹漏窗

宁寿宫花园如亭什锦窗

延晖阁灯笼框槛窗

槛窗

槛窗是中国传统建筑中等级较高的一种窗，又叫半窗，是安装在槛框上的窗子，上半部和隔扇一样，有格心和绦环板，下半部去掉裙板，有砖砌的短墙，也有木质的板壁。宫殿建筑中的槛窗大多为几何图案，雕琢较为精美，体现出一种气魄。

D= 柱径 =1.00尺
H= 门高 =8.56尺

垫板
檐枋
梁头
檐枋1.00D
上槛0.64D
绦环板0.56D
0.28D
檐柱高按十一柱径
帘按架门心高定决
支窗
抹头
6.256D
隔心高按隔扇净高尺寸十分之六定高如六抹隔扇即应高 3.12D
支窗
隔扇
0.28D
摘窗
0.56D
0.28D
裙板高按隔扇十分之四
抹头
0.28D
0.56D
0.28D
楣板
3.104D
槛窗
0.28D
2.824D
下槛0.80D
荷叶墩

清式外檐装修隔扇及支摘窗

交泰殿龙凤双人字看叶及扭头圈子

奉先殿隔扇门如意头裙板

宁寿宫隔扇门如意头裙板

坤宁宫宝香花双人字看叶

翊坤宫隔扇五蝠捧寿梭叶

神武门隔扇门梭叶

乾清宫隔扇门浑金团龙裙板

皇极殿隔扇门浑金团龙裙板

内檐装修

内檐装修更多的是装置各种不同类型的罩，如几腿罩、落地罩、花罩、栏杆罩等，造成半分半断、似分似合的意趣。所用大都是紫檀、花梨、红木等上等材料，雕刻讲究，有的还透雕出几层立体花样，非常精致。例如西六宫室内隔扇门的隔心以灯笼框最多，框心安装玻璃或糊纱，上面或绘花卉，或题字，非常雅素。加之悬挂上宫灯、楹联、条幅、贴落，使室内充满了诗情画意。随着手工业的进一步发展，室内装修也更加丰富多彩，出现了用缀合各种手工艺品而组成的花饰。如乾隆花园一些宫室内的隔扇心所用工艺品，有双面刺绣、嵌玉、嵌螺、嵌景泰蓝，还有拼竹纹、嵌瓷片等，种类多达几十种，且极精致。

乐寿堂内檐方框嵌珐琅隔扇门

翊坤宫内花罩及局部

漱芳斋后高云情、灯笼框槛窗和隔扇门

漱芳斋内缠枝莲花罩及局部

藻井 天花

　　紫禁城宫殿内的藻井，一般都用在庄严尊贵的殿宇内。如皇帝举行大典礼的太和殿、皇帝办理政务的养心殿、去天坛祭祀前使用的斋宫、乾隆皇帝准备当太上皇时使用的皇极殿、供奉玄天上帝的钦安殿等重要建筑物，都有藻井，而后妃居住的东、西六宫，由于等级所限，都不装饰藻井。

　　紫禁城殿宇内的天花，大多是明、清时期的遗物。其结构做法，大体分两类：一种是井口天花，一种是软天花。

　　藻井的结构非常复杂，它比天花更富有装饰趣味。从紫禁城各宫殿内保留下来的藻井可以看出，藻井的造型大体是上圆下方，由上、中、下三部分组成。

　　此外，御花园内的千秋亭和浮碧亭，由于等级的不同和所处的环境有异，也各有别具风格的藻井，都是形象美观、造型精致的艺术杰作。

　　明清时代的藻井，题材多，构图谨严，设色以青绿冷包为主，大面积用金，绚丽多彩，为宫殿建筑的装饰艺术增添了新的光辉。

太和殿天花实测图　单位：厘米

78cm 4 8.5 13 15.5

御花园堆秀山下部堆秀门内穹隆式的石雕蟠龙藻井

御花园内万春亭藻井

藻井

　　藻井是安置在庄严雄伟的宝座上方，或者在神圣肃穆的佛堂顶部的天花中央的一种"穹然高起，如伞如盖"的特殊装饰。

　　藻井在汉代已有。关于藻井，在《风俗通》载说："今殿作天井。井者，束井之像也；藻，水中之物，皆取以压火灾也。"可见，藻井除作为装饰外，还有避火之意。

　　以太和殿藻井为例，下部是方井，高0.5米，直径5.94米，上置斗拱承重；藻井中部的八角井，是承上启下的过渡部分，高0.57米，直径3.2米，用多道抹角枋，构成三角（又称角蝉）和菱形，雕刻有龙凤纹。抹角枋上置雕刻有云龙纹图案的随瓣方。上部圆井高0.722米，直径3.2米，周围施以二十八攒组成的一圈小斗拱，承受着圆形盖板（又称明镜）。在顶心镜之下雕有蟠龙，口中衔珠，与地面上的雕龙金漆宝座、各种精致的陈设和以龙纹为主的梁枋互相衬托，令整个大殿显得金碧辉煌、庄严肃穆。

养心殿藻井

养心殿的藻井大部分施以绿色，没有完全使用金色，独具别样艺术感。

太和殿藻井

藻井位于太和殿正中宝座前上方天花中央,上圆下方,是一种典型的藻井做法。全井分上、中、下三层,最下层称方井,井口直径将近6米;中层为八角井;上层叫圆井。三层通高将近1.8米。方井及上部圆井各施斗拱一层,中部八角井满布云龙雕饰。穹隆圆顶内盘卧巨龙,俯首下视,口衔宝珠,庄严生动。整个藻井的制造极精细,贴两色金,与宝座上下呼应,衬托耸立的浑金蟠龙柱,表现了大殿雍容华贵、至高无上的气派。

交泰殿藻井

交泰殿藻井与太和殿藻井结构相仿，亦为盘龙衔珠藻井。

交泰殿屋顶结构示意图

交泰殿

御花园内澄瑞亭藻井

斋宫藻井

南薰殿藻井

紫禁城各宫殿之中藻井结构丰富，多有小而密集的贴金斗拱、木雕蟠龙、衔珠蟠龙，工艺非常复杂，是中国特有的繁复绚丽的装饰技术。

井口天花

　　井口天花用木条（亦称支条）纵横相交，分割成若干个小方块，按方块覆盖木板（亦称天花板）。由于形状像"井"字，所以称为井口天花。天花板的中心部位画圆光，用青色或绿色作地，内画龙、凤、花卉等各种图案。圆光四周岔角的颜色与圆光反衬，如圆光用青色，岔角则用绿色。岔角常用流云或卷草等图案，有沥粉贴金的称金琢墨彩画，染丹青颜色不贴金的称烟琢墨彩画。支条十字交叉部位，中心画莲瓣形毂轳，四周边框画燕尾。

天　花　梁　高按厚加二寸厚同金柱径
帽　儿　梁　以枝条三分定径寸
贴　　　梁　以檐枋高四分之一定宽厚
连 二 枝 条　以天花板尺寸加倍定长短，宽厚同单枝条及贴梁
天　花　板　以枝条三分之一定厚

单位：米

清式天花做法

在紫禁城主要宫殿中，井口天花是最常看到的。井口天花不用几个框架拼接方法，而是把横直交叉的支条直接搭在贴梁上，贴梁再向四周的天花梁枋固定。支条相交成许多方格，每个方格镶入一块方板，叫天花板。为防跨度大支条下垂，大梁之间还架有圆形断面的帽儿梁，上用铁钩吊在檩枋之下。井口天花的露明部分，一般要做各种彩画。

乾清门内升降双龙戏珠天花

保和殿内毂轳燕尾支条坐龙天花

南薰殿锦纹支条双龙戏珠天花

双龙戏珠是中国传统的吉祥图案，两条龙所戏的珠，都被画做一个火球的形状。装饰图纹如是横形的，双龙便以对称式分列左右，呈行龙姿态；如是近于方或圆形的，双龙则呈上下对角式，表现出升降状态。不管是哪种形状，火珠均在中间。双龙戏珠里的"龙珠"实际上是古人对太阳崇拜的表现。

软天花

　　软天花是用木格篦子做骨架，再满糊麻布和纸，在纸上画出井口支条和各种图案的彩画。这种软天花大都用于后宫较低等级的宫殿，以后妃居住的东、西六宫用得较多。紫禁城宫殿内天花上的彩画，图案很多，最尊贵的为龙凤图案。如前朝的太和、中和、保和三大殿和内廷的乾清宫、交泰殿、坤宁宫，用的都是这类画题。

雨花阁内毂轳草支条梵文天花

三、沥粉金琢墨佛梵字
- 方光刷蓝色
- 圆光刷绿色
- 岔角云四色退晕，沥粉贴金
- 四色烁火
- 莲瓣染粉红色
- 莲瓣朱红地，画佛梵字，沥粉贴金
- 井口刷洋绿

一、沥粉金琢墨升降龙
- 燕尾毂轳沥粉贴金，各色深浅退晕
- 金琢墨做法
- 岔角云红黄蓝绿四色退晕，线路沥粉贴金
- 圆光蓝地，画升降龙
- 火珠
- 方光刷浅绿色
- 圆箍子
- 方箍子
- 支条刷老绿
- 破黄　整红　蓝色
- 井口线贴金

- 烟琢墨做法
- 燕尾毂轳丹色，齐黑白线，各色深浅退晕
- 蓝色　红色　黄色
- 井口线作金线或红线

四、烟琢墨团鹤
- 岔角夔蝠，五色退晕
- 方光刷红丹色
- 仙鹤
- 圆光刷蓝色

二、沥粉金琢墨团龙
- 岔角云红黄蓝绿四色退晕
- 方光刷浅绿
- 圆光蓝地，画坐龙
- 火焰
- 流云
- 方箍子
- 圆箍子
- 火珠
- 井口线刷洋绿
- 方圆箍子沥粉贴金，或不沥粉，只染红色

天花彩画示范图

承乾宫鸾凤天花

太和门内毂轳燕尾正面龙天花

天花彩画

后妃居住的宫殿及花园中亭、堂、楼、阁内的天花彩画，则选择富有生活气息的题材。如景阳宫内天花用双鹤图；御花园的浮碧亭天花用兰花、牡丹、水仙、玉兰等多种花卉组成的百花图彩画；四神祠用缠枝莲天花；贮藏《四库全书》的文渊阁用别具风格的金莲水草天花。倦勤斋内有一座小戏台，天花彩画是海墁式的藤萝，由后檐墙蔓延而生，布满顶棚，戏台背后是山峦重叠的壁画。整个戏台的这些衬景，形成了"室内花园"的趣致。

御花园浮碧亭百花图天花

御花园内玉翠亭花卉天花

慈宁宫花园临溪亭海墁花卉天花

御花园四神祠宋锦纹支条缠枝莲天花

景阳宫双鹤图天花

木雕天花

　　乐寿堂和古华轩的天花不绘彩画，而是用楠木本色雕制成卷草图案，与室内装修浑然一体，富丽雅致。

宁寿宫花园矩亭编织纹天花

宁寿宫花园碧螺亭木雕折枝梅花天花

宁寿宫花园古华轩木雕花草天花

乐寿堂木雕花草天花

漱芳斋前戏台流云天花

彩画

　　在雄伟壮观的建筑物上施以鲜明的色彩，获得豪华富丽的装饰效果，是中国古代建筑的重要特征之一。彩画最初是为了木结构上防腐防蠹的实际需要，涂以植物或矿物颜料，加以保护，后来才和美的要求统一起来。到了明、清时代，彩画已成为宫殿建筑不可缺少的一种装饰艺术。

长春宫内檐梁架碾玉装旋子彩画小样

　　明、清时期的彩画有严格的等级制度。明朝规定"庶民居舍，不许饰彩画"，紫禁城内各座宫殿的彩画也有严格的区分。从紫禁城各宫殿内外檐彩画可以看出，外朝和内廷最主要的宫殿用的是和玺彩画，这是彩画中等级最高的。旋子彩画等级次于和玺彩画，多用于较次要的宫殿、配殿及门庑等。例如太和、中和、保和三大殿用的是和玺彩画。

　　和玺彩画、旋子彩画、苏式彩画以及龙锦彩画（以龙和锦组成画面）等，都是以青绿为主体的冷色调彩画。这些彩画不仅起区别主次、划分类型的作用，而且利用统一中求变化的艺术手法，使宫殿建筑艺术丰富多彩。

太和殿内檐天花梁金龙和玺彩画

保和殿内檐天花梁包袱方心双龙戏珠彩画

和玺彩画示范图

柱头画坐龙　岔角淡蓝蓝色剔草　绿色盒子画坐龙　蓝地灵芝　藻头绿地画降龙　平板枋蓝地画行龙　绿色楞线　大额枋枋心蓝地画双行龙

1/3 枋之长　　　　　　　　　　　　1/3 枋之长

箍头　　　　藻头　　　　枋心

黑老箍头
绿箍头
青副箍头
绿箍头
绿副箍头
青箍头

绿箍头
三色退晕
岔角
青箍头
三色退晕

绿地菊花草
岔角浅绿色剔胡水牙
蓝色盒子画坐龙
雀替朱红地，五色草，大边贴金
升、翘沥粉贴金，蓝绿退晕，齐白粉线
荷包朱红地

藻头蓝地画升龙
皮条圭线
圭线光　两面蓝绿色退晕
正圭线

岔口线
岔口绿色退晕
藻头圭线
蓝色楞线

垫板红地画行龙
小额枋枋心绿地画双行龙
枋心线

青箍头
卧水绿色
菊花草
插梁草
合云五色退晕
立水五色退晕
柱子朱红油饰

和玺彩画

　　和玺彩画由枋心、藻头、箍头三段组成。箍头在最外侧，用两道竖线相隔，中间画面为圆形盒子；藻头靠近箍头，用"∤"（锯齿形）两道括线相隔，中间置画面；枋心在两边藻头之间，居于中心，画面最大，位置突出，它的主要特点是用各种不同姿态的龙或凤图案组成整个画面，间补以花卉图案，且大面积沥粉贴金，产生金碧辉煌的效果。梁枋檩桁的用色规制，明间采用上青下绿，次间则上绿下青，依次互相调换，构成谐调匀称的画面。

御花园钦安殿椽子飞头"万""寿"字彩画

宁寿宫外檐大小额枋龙凤和玺及浑金龙华板彩画

皇极殿外檐大小额枋垫板金龙方心彩画

太和殿外檐额枋斗拱檩子椽飞头彩画

御花园钦安殿内檐梁枋龙凤和玺彩画

和玺彩画·小样

太和殿院东北崇楼外檐龙草和玺彩画小样

太和殿内檐大小额枋垫板金龙和玺彩画小样

寿安宫内檐明间脊部檩、垫板、方子、包袱枋心龙和玺彩画小样

寿康宫内檐龙凤和玺彩画小样

旋子彩画

有的旋子彩画以莲座上加石榴或云头为花心，周围置蕃莲叶，外层绕以包瓣式旋花；有的旋子彩画以蕃莲叶顶端置云头做花心，周围做环状的大形如意头。南薰殿的彩画用平金开墨的双龙戏珠做枋心，而其他几处都

是退晕的空枋心，枋心两尖端不做直线，而用一种连续曲折的弧线与藻头旋花相配合，极为和谐连贯。明间比次间画面长，除采用插入盒子来调节比例外，并在一整两破旋花之间用连续折叠的旋纹加以连缀，使之适应画

面的长度。檩枋和梁枋是不同体形的画面，也选择不同构图的花纹，例如檩桁是圆体的转折面，因而用扁长环状的大形如意头；梁枋是立体转折面，则用椭圆形的旋花。这样处理既满足画面宽窄不同的要求，又能满足

协和门外檐龙锦方心金线大点金旋子彩画

皇极殿西庑一字方心墨线大点金旋子彩画

慈宁门内檐梁枋龙凤方心金琢墨石碾玉旋子彩画

视觉的观感，避免画面流于平淡呆板，是极成功的艺术手法。

旋子彩画是明代宫殿建筑中最盛行的一种彩画。画面布局灵活，富于变化。花心面积大，旋瓣采用青绿相间与退晕相结合的办法，色彩在对比中求得变化。花纹结构有简有繁，彼此参差变化，使花纹形象突出，造型简单明确。旋花的主要部位用金，则起点睛与分明主次的作用。这些特点结合在一起，最后达到浑然一体的艺术效果。清代的旋子彩画继承了明代的传统风格并有所变化，比如为了设计及操作技术上的方便，使之更加规格化和标准化。

神武门内东值房外檐檩枋碾玉装旋子彩画

西北角楼外檐檩枋龙锦方心
墨线大点金旋子彩画

奉先殿外檐大小额枋金线大点金旋子彩画

隆宗门梁架一字方心墨线大点金旋子彩画

旋子彩画·小样

　　左右的门和庑房则用旋子彩画，较偏僻的英华殿、箭亭等处用的也是旋子彩画。旋子彩画画面的区划和色彩的搭配跟和玺彩画大体相同。旋子彩画跟和玺彩画主要的区别部分是藻头。旋子彩画藻头图案的中心叫花心（旋眼），花心的外圈环以两层或三层重叠的花瓣，最外绕以一圈涡状的花纹，称作旋子。旋花的位置以一整两破（一整团旋花、两枚半个旋花）为基本构图，随着梁枋檩枋和大小额枋的长短高低的不同，画面旋花可以有不同的组合。旋子彩画枋心的书法有多种：枋心，大小额枋一画龙，一画锦纹，称龙锦枋心；只画墨道称一字枋心；刷青绿退晕，不施花纹的称空枋心；画锦纹和花卉的称花锦枋心。枋心画题的配置，向有固定的式样，视藻头旋花类型而定。

　　旋子彩画按各个部位用金的多寡和颜色搭配的不同，分为以下几种：

旋子彩画示范图

钟粹宫内檐次间檩枋碾玉装旋子彩画小样

一、浑金旋子彩画（藻头枋心、箍头画面满贴金）；二、金琢墨石碾玉（花瓣用青绿色退晕，花心菱地点金，一切线路轮廓都用金线）；三、烟琢墨石碾玉（花瓣用青绿色退晕、花心菱地点金，线路用金线，花瓣轮廓用墨线）；四、金线大点金（花心、菱地点金，线路用金线，花瓣轮廓用墨线）；五、墨线大点金（花心菱地点金，线路花瓣用墨线）；六、墨线小点金（线路、花瓣用墨线，仅花心点金）；七、雅伍墨（不用金）；八、雄黄玉（以黄色为主，旋花青绿色退晕）。以上类型彩画的采用，视建筑物的等级而定。

紫禁城宫殿现存的彩画大部分是清代所绘，但钟粹宫和长春宫内檐梁架上及武英殿前南薰殿的内檐上，至今还保留有明代的旋子彩画。

南薰殿内檐额枋坐斗枋、斗拱碾玉装金龙方心旋子彩画小样

奉先殿内檐明间大小额枋浑金旋子彩画小样

苏式彩画

　　紫禁城花园的亭台楼阁中的彩画有苏式彩画。到清代晚期，后宫的东、西六宫也有用这类彩画的，它比和玺、旋子彩画布局灵活，画面所用题材广泛，多用山水人物故事、草虫花鸟以及吉祥图案。这些画题与生活上的要求及周围的环境密切相连。例如花园中的亭、台、楼、阁以及曲折的游廊施以题材多变的苏式彩画，或与周围山石花木相搭配，错落辉映，或与室内大量镶嵌雕镂的家具及室外各种精致的陈设相衬托，遂形成协调连贯的整体，成为中国宫廷花园的独特艺术风格。

漱芳斋院戏台内檐抹角梁枋子苏式彩画

景福宫前抱厦天花梁花鸟苏式彩画

储秀宫院拐角廊包袱方心苏式彩画

宁寿宫花园禊赏亭额枋苏式彩画

钟粹宫的垂花门檩枋有八卦的苏式彩画

漱芳斋东旁门内梁架苏式彩画

景阳宫内檐天花梁礓苏式彩画

苏式彩画·小样

　　苏式彩画的画面枋心主要有两种式样：一、与和玺、旋子彩画同样采用狭长形枋心；二、在较大的梁枋上或者将檐檩、檐垫板、檐枋三部分的枋心联成一气，做一个大的半圆形，称搭袱子（通称包袱）。包袱的边缘轮廓用连续折叠的线条将色彩由浅及深地逐层退晕。藻头部分常绘扇面斗方、桃形、葫芦形等各种象形的集锦式的画面，外加卡子（束草和几何图案）作括线。整幅画面两端是贯通的箍头，此外还有海墁式苏画。

　　紫禁城宫殿保存下来的苏式彩画多是清中叶以后的遗物，例如乾隆花园、御花园等处的部分彩画。

枋头剔三色地，画博古，或染蓝（绿）地，画花卉

柱头画联珠，回纹

金线

柱头丹色剔草

副箍头深浅绿色退晕

老箍头黑色

副箍头深浅蓝色退晕

箍头画蓝色阴阳回纹

黑地联珠，香色黄白三色退晕

绿地软卡子

烟云托，每种色深浅三道退晕

箍头画绿色阴阳回纹

黑地联珠，紫色粉白三色退晕

大线沥粉贴金

蓝色

蓝地硬卡子

枋子集锦，画水人物，或画鱼花鸟

沥粉金线

插梁头

沥粉金边

绿色退晕

蓝色

绿色

粉道

倒挂楣子

垫板朱红地，画博古，葡萄，葫芦等

桁条绿地，画瑞兽或折枝花

柱子朱红油饰

大边朱红油饰

花牙子　外面或贴金，或染绿色　里面刷丹色

蓝色或金色

卡子做法有三种：
1. 金琢墨沥粉退晕
2. 全部贴金
3. 烟琢墨染香紫绿三色

宁寿宫花园旭辉亭外檐苏式彩画小样

檐檩

云包袱，五色粉退晕，每种

退晕五道、七道或九道

包袱内部，画题随宜布置，或画山水
人物，或画翎毛花卉，或画风景建筑

檐垫板

檐枋

苏式彩画示范图

御花园绛雪轩前抱厦斑竹纹海墁苏式彩画小样

体和殿外檐明、次、梢间额枋包袱方心苏式彩画小样

体和殿外檐明间檩、垫枋斗拱包袱心苏式彩画小样

宁寿宫花园碧螺亭檩垫枋楣子折枝梅苏式彩画小样

宁寿宫花园佛日楼外檐檩垫枋龙锦花纹彩画小样

琉璃装饰

　　紫禁城内的大小宫殿、内廷各宫殿区的墙门、院落的院门、照壁、墙面以及花园里的花坛等，都广泛使用琉璃装饰。琉璃装饰的图案要根据建筑物的等级和功能来确定。皇帝使用的宫殿的琉璃装饰完全用龙的图案，如乾隆皇帝做皇子时的居所——重华宫就是这样。东、西六宫是后妃居住地，通常用禽鸟、花卉等图案做琉璃装饰。而在一些次要的院落里，则只用素琉璃装点而没有花饰。

乾清门八字影壁
花卉琉璃盒子

　　琉璃釉色莹润光亮，色彩丰富。它比木材坚固耐用，比石材色彩鲜艳。用它装饰建筑物，可以使建筑的造型更加美丽，也可以烘托建筑空间布局的气氛，是体现建筑艺术效果不可少的手段。例如：乾清门广场以宽阔的横街作为外朝与内廷的界线，乾清门作为内廷的正门，比起高耸的三台，自然显得低一些，但是，在门两侧装饰的八字照壁，却吸引人的视线，增加了宫门的气魄，收到了富丽豪华的艺术效果。

　　中国琉璃制作有着悠久的历史和辉煌的成就。到了明、清两代，尤其是清代中期，琉璃生产更为发达。制成的琉璃，釉色滋润细腻，胎土质密均匀，胎釉接合更加紧密。由于在生产中很好地掌握了颜色釉原料的性能和烧制技术，烧出了明黄、孔雀蓝、翠绿、绛紫、乳白等多种颜色的琉璃，这就为宫殿建筑采用琉璃装饰提供了良好的物质条件。

重华门琉璃花饰

琉璃照壁

内廷的墙门和院门的琉璃装饰，通常是用琉璃瓦顶，檐下斗拱不用木制构件，而是用琉璃仿制，额枋檩桁则用琉璃贴面雕刻成空枋心的旋子彩画。

门腿两旁在须弥座上砌起略矮于正门的琉璃照壁，壁面四角有岔角，当中有圆形盒子装饰着各种图案。

如养心殿是皇帝的寝宫和处理日常政务的地方，因此，它的宫门和照壁也非常华丽，不仅宫门檐下斗拱、檩枋用琉璃制造，两旁照壁的岔角是四种极富质感的花卉，当中是鹭鸶卧

皇极门三间七楼琉璃门

莲刻有海棠线的圆盒子。整个照壁画面以黄色线砖为框，以绿色琉璃面砖为底，白色的鹭鸶、绿色的荷叶、黄色的荷花，碧水彩云萦绕其间，花纹线条流畅，构图新颖，题材别致，极富装饰趣味。

又如宁寿宫一区的皇极门，由于墙垣高大，不用随墙门的式样，而是采用类似木结构牌楼门的做法，用琉璃砌成三间七楼加垂莲柱的三座门，把大门装饰得更加壮观。

养心门琉璃照壁

遵义门内琉璃影壁

重华门琉璃照壁

◎ 九龙壁

在皇极门南面立起一座庞大的琉璃照壁，俗称九龙壁，长29.4米，高3.5米，整个壁面为71.6平方米。照壁下布置须弥座，顶端琉璃大脊雕刻出水纹和九条龙，如同在海水中翻腾。照壁正身是九条巨龙，四周满布琉璃花饰。龙的形体有坐龙、升龙和降龙，翻转自如，神态各异，下边以海水、流云为背景。为了突出龙的形象，用黄、蓝、白、紫等多种颜色，并采取高浮雕的手法塑造，使之富有立体感，整个照壁的造型极为鲜明生动。

清乾隆三十六年（1771）开始改建宁寿宫一区宫殿时建造。九龙壁壁面为彩色琉璃烧制，上雕刻有九条巨龙，上面为黄瓦庑殿顶，下面擎以雕制精美的白石须弥座。

明清崇尚"九""五"之数，"九""五"之数代表天子之尊。九龙壁不仅主体龙是九条，其他地方也按九、五设置，如庑殿顶用五脊；正中

黄色蟠龙

黄色蟠龙居于主位。主龙左右各有四条姿态各异的游龙，构图匀称地布陈于画面上。龙与龙之间凸雕峭拔的山石六组，将九龙作灵活的区隔。壁面的下部，九龙的足下雕塑有起伏而富于层次的海浪，横亘于整个壁面，既使得九龙互为联系，又增加了画面的完整性。

九龙壁

九龙壁的主体龙纹采用高肉雕，塑体起伏强烈，龙头的额角厚度最大，高出壁面20厘米，显现出龙的形神生动、腾越跳跃的姿态，好像要震壁飞去。

九龙壁的塑面共由二百七十个塑块拼接而成。琉璃壁面共分为九龙、山石、云气和海水四层塑面，花纹复杂，工艺难度很大。设计时要精心地选择在花纹简单、不损龙的头面等处来断块；同时还要考虑错缝叠砌时保持壁体的坚固。而塑块拼合时则要求逐块衔接，层层吻合。因此，非掌握娴熟技法的艺人是难以达到这种艺术高度的。

用九龙花脊；斗拱之间采用五乘九为四十五块龙纹垫拱板等。可以看出，九龙壁自上到下都蕴藏着或明或暗的九、五之数。

九龙壁正中的三条蟠龙，与皇极门、宁寿门、皇极殿、宁寿宫等同落于一条南北轴线上，与皇极殿前的雕龙御路、檐下的扫青九龙匾遥相呼应。正中的蟠龙作驯服的蜷息姿势，如朝觐、如拱卫，两目凝视着皇极殿正门、正殿，衬出皇宫一派庄严肃穆。站在皇极殿前向南展望，透过两道宫门，视线的终点正是九龙壁正中这条犹如金铸的黄色蟠龙。

九龙壁虽已经过二百多年的风风雨雨，色泽光艳现仍不减。它和中国现存的另外两处九龙壁——山西大同明代九龙壁、北京北海乾隆朝烧制的九龙壁，可以媲美，而三座九龙壁中，又以紫禁城的九龙壁雕制最精细、色彩最华美。

琉璃岔角、盒子、须弥座

供奉道教的钦安殿前面的天一门和英华殿佛堂前面的英华门两处琉璃照壁，在装饰上是另一种风格。岔角、盒子全饰以仙鹤流云图案，这些都是和宗教内容有关的题材。

除门照壁琉璃装饰外，在一些宫殿的坎墙下肩，有用龟背锦或其他图案做琉璃贴面的；在花园里，也有用琉璃砌花坛的须弥座和栏杆的。总之，用琉璃做装饰，范围非常广泛。

斋宫门照壁琉璃须弥座

御花园内天一门照壁流云双鹤盒子

养心门琉璃照壁鹭鸶卧莲盒子

清式须弥座示意图

慈宁宫花园临溪亭槛墙琉璃花饰

太和殿内琉璃面砖龟背锦花饰

乾清门八字影壁花卉琉璃岔角

枋条线
枭条线
枭线腰
枭枋
脚

御花园绛雪轩前花坛琉璃台基和栏杆

其他设施

4

桥梁 涵洞

紫禁城外，四面环有护城河，俗称筒子河。河水源自玉泉山，引进北京城后，流入积水潭。其中一支流经北海入濠濮涧，向东经景山西墙外，流入紫禁城西北角的护城河，再经城垣下的地沟，流入紫禁城内，称内金水河。另一支由中南海向东流入社稷坛（今中山公园），再南流，到天安门前，称外金水河。

太和门前内金水河东侧涵洞

金水河在元朝时已经有了。据《元史·河渠志》所载："金水河其源出于宛平县玉泉山；流至和义门南水关入京城，故得金水之名。"和义门即今西直门，南水关旧址在今西直门南约120多米处。《古今事物考记》就载有："帝王阙内置金水河，表天河银汉之义也，自周有之。"元建大都，悉沿旧制，置水命名也不例外，所以把流入宫阙的水叫金水河。后来虽由于宫殿地址迁移等原因，明、清两代金水河道有所改变，但基本情况和现在差不多。

太和门前金水桥局部

内金水河从紫禁城西北角地沟流入紫禁城。水道沿紫禁城内西侧南流，流过武英殿、太和门前，经文渊阁前到东三座门，复经銮仪卫西从紫禁城的东南角流出紫禁城，全长2000多米。

金水河的总流向，自西北向东南，是按堪舆风水之说及礼制而定的。但是长长的流水往复回环，原设计意图并非全从美观着眼，也是从便于给水和排水两个角度去考虑的。刘若愚在《酌中志》中曾写道："是河也，非为鱼游在藻，以资游赏，亦非故为曲折，以耗物料，恐意外回禄之变，此水实可赖。天启四年六科廊灾，六年武英殿西油漆作灾，皆得此水之力……又如天启年一号殿哕（音会）鸾宫被焚者二次，如只靠井中汲水，能救几何耶？……"可见着意用金水河为救火的水源，皇极、太和等大殿施工时，和泥灰也用的是内金水河水。

内金水河上最雄伟的桥是太和门前的金水桥，其余十几座桥样式各异，有单拱桥和三座并列的桥，还有半边是涵洞半边是桥的，不一而足。

内金水河

内金水河是紫禁城建筑设计的杰作。河身依不同地势，或宽、或收、或隐、或现，并给以不同的装饰。凡流经地面的地方，均以豆渣石及青石砌成规整的河帮石底，随转折及所处地境的不同，宽窄不一，河帮处理也不一样。金水河以太和门一带最宽，为10.4米，河东西两端接涵洞处则为8.2米，最窄的地方只有4—5米。因太和门一带地处外朝冲要，两岸围以汉白玉石栏杆。其余部分的金水河帮，就改用砖砌矮墙。除个别地段成直线外，绝大部分的河身弯转自如。到太和门，河身曼回，蜿蜒东流，将宫门置于河的环抱之中，衬托出一派庄严雄伟的气势。

太和门前院内金水河，是全河艺术设计重点所在。河上雄跨五桥，中间一座最大，长23.15米，宽6米；两侧稍小，各长21米，宽5.4米；外边的两座各长19.5米，宽4.8米。居中的桥靠前，两侧桥身依次后退，桥面两端为斜坡。随着弯曲如弓的河流，这一组桥面的前边和后边也自成弧形。

桥为石拱单孔结构，石桥面，汉白玉雕石栏杆。正中主桥是皇帝通过的御路，白石栏杆用雕有龙云纹的望柱，与太和门、太和殿的须弥座栏杆等级

相坿（音列）。左右四座宾桥，为王公
百官行走之路。栏杆只用火炬形阴刻
弧形线的望柱头，名"二十四气"。如
此，由桥的宽、长和栏杆花纹雕刻的

题材、工艺的精粗分了等级。

太和门前内金水桥全景

紫禁城周围的护城河，开凿于明代。河宽52米，两侧以大块豆渣石和青石砌成整齐笔直的河帮，岸上两侧立有矮墙。城壕本来是为防护而设的，但是设在皇宫外围就不同一般，除防护外，还须显出皇家的气派，能达到配合环境的艺术效果。澄明如镜的水面，四隅上的角楼，沿河栽植的树木，无不给人以宁静、开阔之感，为宫廷增添了不少风采。清代还曾在河中栽种莲藕，既有观赏之美，又可收经济之益。

紫禁城内地下排水沟道纵横交错，最后合成几条干沟，一一注入金水河，使内金水河成为最大的干沟，泄水通畅，所以无论遭到何等大雨，紫禁城内绝无漫溢之患。

有河就要架桥。遇到地面上有建筑物，就以涵洞引入地下，所以说内金水河"或隐或现，总一脉也"。全流共有大小桥二十余座，涵洞十多处。

最古老最精美的桥，数横跨在武英殿东侧金水河上的断虹桥。全长18.7米，通宽9.2米。石拱单孔结构，青石桥面，汉白玉雕石栏杆，栏板上刻有精致美丽的花纹，二十个望柱头

断虹桥东侧河道

上各有一头小狮子，或蹲或坐，情态各异，饶有趣味。此桥是明初所建，现在除局部构件有所添配更换外，从未大修过，依然坚固牢实。

此外，在神武门、东华门、西华门外各有一座平桥跨过护城河，相接城门口与大路。

左图　护城河入紫禁城涵洞
右图　文华门东侧内河

断虹桥桥面

给水 排水

明清宫廷内生活用水主要取之于水井。紫禁城内有很好的排水方法及排水沟道系统，保证雨天水流无阻，不会潴积。

相传明宫初建时，凿有水井七十二眼，以像"地煞"。刘若愚记宫内宫殿规制，其中多处提到有井，而且还说慈宁宫、慈庆宫、乾清宫两旁之宫各有井，等等。这说明建皇宫时对于水井的安置在设计上是有全盘考虑的。至于是否为七十二口，那就难以考证了。现在内廷各宫院和外朝有的院内以及厨房、库房等处几乎都有水井，有的一口，有的两口，数量很多，确也有七十二口上下。这在当时，每院一井，用水可谓十分方便了。

排水方法主要是利用坡度，使水流直接或通过沟槽汇流在一起，自"钱眼"漏入下水沟道内。院子中高边低，北高南低。绕四周房基都有石水槽，这是明沟。遇到台阶，则在阶下开一石券洞，使明沟的水通过。在太和殿，因为有螭首喷水，明沟改在房基以外，喷水落下的地方，四角有"钱眼"漏水。全部明沟及钱眼漏下的水流向东南崇楼，穿过台阶下的券洞，流入协和门外的金水河内。后三宫及其他各个宫院，排水情况也大都如此。

"钱眼"是水由地面转入地下的入口，"沟眼"是地面水穿过障碍的出口，两者都是排水措施不可缺少的部分。在宫内，这些设施都经艺术加工，精心设计，样式繁多，构成美丽的砖、石雕装饰。

钱眼（下水口）、沟眼口示意图

螭首构件

三大殿的三台，台中心高 8.13 米，台边高 7.12 米，排水极为明显，周围石栏杆的每边都有小洞，每根望柱下面都有雕琢精美的石"螭首"。内口有凿通的圆孔，都是辅助排水的孔道，大雨滂沱时，1100 多个排水孔能将台面雨水瞬间排尽，形成上下千龙注水的奇观。

太和殿前三台排水龙头

给水

　　井的设置十分考究。井上安石盖板、井口石、木盖板，还加上锁。从有的井口石上的一条条沟印来看，当时是用绳吊桶汲水的。在清代储秀宫、长春宫等处茶房用品登记册上，就有水桶、柳罐等物。有的在梁下架一根木枋，上安滑车。今御花园西井亭内还留有这样的设备。

　　井上大都建有井亭，现在还保存有近30个。宫内井亭之多，也是这组古建筑群的独特之处。井亭子的做法，在宋《营造法式》上已有规定。其目的是便于打水，并有利于保持水井洁净。紫禁城内井亭均为大式做法，安斗拱，施彩画，平面多为四方形，大木构架为扒梁式或抹角梁式。亭基四周砌石泄水槽，亭顶多为盝顶，也有悬山卷棚顶，顶正中开一方口，以纳光及便于淘井。在细部构造及样式方面，按所在位置不同而有变化。宫殿院内井亭，造型华丽，装饰精巧，甚至在井口石、井台上都雕刻有精致的花纹。这些井亭，成双地建于庭院之中，极富装饰性。

御花园井亭

宫内的井，除供生活用水外，还有不少是有特殊用途的。文华殿东，传心殿院内，有一口井，称大庖井，明时已有，每年于此祭祀井神。直到清代，仍规定每年十月在大庖井前祭祀井神。据记载，此井水清甜，有"玉泉第一，文华殿之东大庖井第二"之说，可称宫内诸井之首。现在宫内的水井大部分已干涸，唯独此井，水仍甘洌晶莹。

皇帝吃的水并不是宫里的井水，而是从玉泉山用水车运来的泉水。乾隆诗中有"饮食寻常总玉泉"之句。宫中为皇帝皇后煮饭、烹茶也都用的是玉泉水。皇帝出京、巡幸、围猎时，亦"载玉泉水以供御用"。康熙时大学士李光地颇为皇帝器重，被聘作皇太子的老师。这位大学士肠胃不好，需要喝好水，但他家住南城宣武门外，水质不好，于是皇帝命每日将玉泉山水交给大学士家人带回去。由此可见，玉泉山水是皇家独占，非上赐不得饮用。据说玉泉水最轻，因此水质也最好。

浴德堂西侧井亭

武英殿西北角有一口井，由架空石水槽将水引至浴德堂西的室内。武英殿在清时为刻印书刊的地方，浴德堂是修书处，此井水应为供印刷书籍之用。又传说，浴德堂后有一维吾尔式浴室，此水专供香妃在浴室中沐浴使用。姑且不论其用途为何，单就水槽的设计来说，隔着院子将水引进室内大铁锅里，下面有烧火灶加热，也是很巧妙的。

排水

　　紫禁城用于排水的干道专线，明沟暗沟，纵横交叉，沟通各个宫殿院落。总的走向是将东西方向流的水，汇流入南北走向的干沟内，然后全部流入内金水河。

　　其中几条干沟是这样分布的：神武门内，内宫墙以北，有一条由西往东又折而向南，几乎整整绕了半个紫禁城的下水道。地面上铺石板，隔一定距离石板上留有泄水的小孔，西端流入城隍庙东的金水河，东端经东北城角再往南通过十三排，接入清史馆内的金水河。

　　另一条是北起上面所说的东西干道，向南经东六宫和宁寿宫之间的夹道，再往西沿御茶膳房东墙外，然后往东南接入文华殿东面的金水河。在夹道南端又出一支流，向西穿过奉先殿南群房，从西南墙角穿出，沿外朝中路东墙外，经文华殿西墙外接入金水河。

　　再一条自乾清宫院内的西南角穿出，横过内右门，穿入养心殿南库，自南库南墙穿出，经隆宗门外往南，至武英殿东边的断虹桥入金水河。

　　乾清宫、交泰殿、坤宁宫的两侧及东西长街，都有纵向的暗沟，设在

西长街隔火墙

乾清宫东、西的龙光门和凤彩门南侧，各有隔水墙一段。宽 16 米（占开间的三分之一），砖砌到顶，檐下的斗拱、枋、檩、望板等用青石雕成，不使木料，以隔断火势，使不至蔓延。

路的一边或两侧，接纳由各宫院内流出的下水，再汇合于东西向沟内，然后注入以上几条干沟。

　　这些沟道系统建于明朝，干沟高可过人。太和殿东南崇楼下面的券洞（即沟眼），高1.5米，宽0.8米，沟顶砌砖券，沟帮沟底砌条石。东西长街的沟道也有0.6—0.7米高，全部用石砌，其工程之浩大超过地面上的金水河。明、清均有规定，每年春季要按时（清代定为每年三月份）淘修宫内沟渠，由于历代不断疏通，至今虽已历五百多年，仍然畅通。

　　宫内下水，不包括粪便，处理粪便另有办法。

东筒子排水滴子

储秀宫烧古铜缸

乾清门前铜镀金大海缸

大缸

紫禁城内每座较大的庭院里和后宫东西长街，都可以看到排列得很整齐的大缸。这些大缸都是明、清旧有的殿外陈设物，具有消防和装饰的价值。在清代，缸内平时贮满清水。每年到了农历小雪季节，由太监在缸外套上棉套，上加缸盖，下边石座内置炭火，防止冰冻，直到春节后惊蛰时才撤火。宫内陈列的这些大缸，明代大都用铁或青铜制成，鎏金铜缸很少，两耳上均加铁环；清代则多数是用的鎏金大铜缸，或者"烧古"青铜缸。明代缸的样式上奢下敛，古朴大方；清代缸的样式腹大口收，两耳加兽面铜环，制作精致，外表富丽。

御寒 防暑

每年十一月初一，宫中开始烧暖炕，设围炉，谓之"开炉节"。是说从十一月初一起开始采暖，但实际上，特别到了清末，各处采暖时间并不一致。如储秀宫、长春宫、重华宫、永和宫等处，由九月下旬起就开始采暖了。这可能是由于清末宫内一切规划都不严格，皇帝皇后可以任意而为，只有下属差役等仍是十一月初一开始采暖。

宫中采暖基本上有两种方式：一是随建筑在地面下布置火道、地炕；另一种是可移动的设备——炭盆。

乐寿堂烟道出口

内廷各宫殿，除设地炕外，还安放火盆，按照规制，各处放置火盆数量都有规定，但也时有因天气太冷而加设的。如雍正元年（1723），太和殿殿试，天气太冷，令总管太监多放几个火盆，以免笔砚冰结，使诸贡士可以尽心书写。在太和殿烧火盆，曾经发生过一次险情。嘉庆二十四年（1819）十月，嘉庆帝御太和殿，殿内安设火盆太多，后面三槽隔扇全开着，风吹火星满地，经御前大臣侍卫等扑救踏灭。于是皇帝下谕，以后每遇保和殿筵宴、太和殿受贺筵宴及御太和殿，只在地平二层两角安设炭火二盆，盆内炭火用土掩盖。如看祝版，中和殿、太和殿不安火盆，若有多放者革职。

北京是大陆性气候，年温差大，冬冷夏热。紫禁城内房屋高顶厚墙，隔热防寒性极好，主要宫殿坐北面南，前后开窗，真可谓冬暖夏凉。到了夏天，打开窗户，廊檐下挂竹帘，院内支搭凉棚，另外还有其他御寒防暑的措施。

紫禁城内有冰窖（音印，即地下室）五所，有四所各能藏冰5000块，另一所能藏冰9226块。冬天凿御河冰存在窖里，地址在隆宗门外西南造办处。长春宫、储秀宫等处茶房内设有冰桶，以供冷饮、冰冻水果之用。在内务府办公地，每年五月初一起至七月二十日止，每日可领取两块冰，这是给大臣们的防暑用品。

清代康熙帝以后，到了夏季，则索性离开紫禁城，到圆明园、香山、承德离宫和南苑行宫去避暑。

乐寿堂地炕烧火口

在内廷的宫殿廊檐下，砌地炕的烧火洞。洞内砌有砖炉子，或放入燃好的火炉子。洞口约有1米见方，深1.5米左右，上面设盖板。室内地面下布置纵横烟道。火燃后热气通过地下的烟道，把烟排出室外，这是采用北方居民普遍习用的火炕与火墙的采暖方法，不过宫内的比民间的讲究。有这样采暖设备的宫殿多称之为"暖阁"。在乾清宫、坤宁宫以及东、西六宫内都可以见到这样的设置。《明宫史》上记有"懋勤殿，天启造地炕于此，恒临御之"。说明有地炕的宫殿是皇帝、皇后经常住的地方。外朝各殿不设暖阁，只在每年冬天安放火盆。

铜质镂空梅花大薰炉

火炉

　　设在宫内的火炉(当时是火盆)花样繁多,分为盆和笼两部分。大的重达数百斤,通高1米多,或三足,或四足,有的下面还安一个座;小的随手可以提动,像西瓜那样大小,用来暖手的叫手炉,暖脚的叫脚炉。每个火盆都是一件精美的工艺品。

　　宫内这样多的烤暖设备,每日需要大量的炭、木柴、煤等燃料。明代宛平知县沈榜在《宛署杂记》中记载,万历十八年(1590)殿试,一次就用木炭1000多斤。清代按份例供应柴炭。乾隆年间份例的标准是:皇太后、皇后,110斤;皇贵妃,90斤;贵妃,75斤;公主,30斤;皇子,20斤;皇孙,10斤。到了晚清溥仪时,单一个储秀宫冬天每日用殿煤3000斤,殿炭300斤,红萝炭20斤,寸子炭30捆。永和宫为养鱼采暖每日用炭50斤,红萝炭50斤。花园里为薰蝈蝈,每日用煤20斤,炭两篓,红萝炭40篓。大量的柴炭,都是为皇家所用,至于住房差役等人员份例极少,如文渊阁更棚,每座每日用炭只有5斤,所以虽然皇帝说贫富者殊,畏寒无二,但在御寒之物的供应上,却有天壤之别。

铜胎掐丝珐琅薰炉

白铜"寿"字手炉

铜镀金薰炉

宫中所用的红萝炭是上好的木炭。以易州等地山中硬木烧成，明代宫中就用这样的炭。清代每年宫内派员带领官役赴易县、涞水等地采买，令各窑户只准卖给官厂，不准私相买卖。按尺寸锯截，盛在小圆荆筐里，外面刷红土，故名"红萝炭"，运送到今西安门外的红萝厂。这种炭，气暖而耐烧，灰白而不爆，围着火盆烤火，不致被烟呛。

明、清两代均有管理皇宫内薪炭的机构，叫惜薪司。清代在宫内还有管安装火炉、运送柴炭的热火处；管柴炭分发及存储的柴炭处；管点火烧炕的烧炕处。说明管理宫内这一套供热系统，是相当繁杂的工作。

每日用这样多的柴炭，必须有堆放场地。除上述红萝厂外，在紫禁城外还有惜薪司管辖的北厂、南厂、西厂、东厂、新西厂、新南厂等处贮收柴炭，在紫禁城内于西五所后，东西二小门外，有惜薪司贮柴炭之园，备宫中燃用。

铜薰炉

掐丝珐琅夔凤纹薰炉

白泥薰炉胆

照明

紫禁城内，夜间主要是用以蜡烛为光源的灯具照明。

宫内为了防火，对于灯火的管理很严。清代外朝除朝房及各门外，均无灯。到了清末，宫内早于各地首先安了电灯，自设有发电机。

坤宁宫大婚用的羊角罩"喜"字灯

内廷与东西长街均有路灯。据《明宫史》记载，宫中各长街设有路灯，以石为座，铜为楼，铜丝为门壁。每晚内府库监添油点灯，以便巡看关防。王公大臣天明前趋朝，唯亲王才准有灯引路至景运门或隆宗门，军机大臣可提羊角灯入内右门，其余的人均不得用灯引路。但皇帝出入，前有引灯数对，每盏用五两重蜡一枝；另有门灯站灯若干对，每盏用八两重羊油蜡一枝。嘉庆时还规定，皇上出入，驾后添设明角灯四盏，以资照明。

殿内早朝，冬日天尚未明，在宝座侧列羊角灯数对。康熙二十四年（1685）正月，在保和殿御试，交卷后，皇上与修撰蔡元升谈话，至天暮，命侍卫执灯伴送，这已是很例外的事了。

掐丝珐琅祝寿蜡台

后宫长街石座路灯

清代晚期，由于普遍使用玻璃，这些路灯上的铜丝门壁改用玻璃，既防风又明亮，那时安的玻璃上，中间画有红色大圆"寿"字，四角各画一只红色蝙蝠，象征福寿。这是只有皇宫内才能设置的路灯，王府和其他地方是不准设置的。乾隆宠臣和珅在嘉庆登基伊始被定罪抄家，罪状之一就是违例在府内设有这样的路灯。

后宫西二长街夜景

宫灯

内廷各宫殿室内的灯具设置琳琅满目。以咸丰二年（1852）所立的养心殿三殿灯账为例，其中仅东暖阁就安挂灯四十五座，十五种样式。乾隆曾作诗咏灯："腾辉照绮席，散彩当珠殿。馥馥博山香，迟迟玉漏箭。影射桃笙流，华映鰕须绚。九枝非所贵，分阴诚可羡。方励焚音志，敢卜通宵妄。剪檠（音晴）阅奏章，毋使目光眩。"为了剪蜡烛心，灯具中设有剪烛罐。

每逢年节，各殿还要增设灯具。

每年正月十五日为灯节，是一次赏灯晚会。所悬灯做成鸟兽或花果状，上糊白纱，绘有彩画。还有鳌山灯、龙灯，长有5尺，十个太监用竹竿支着，前边一人执一灯珠，取龙戏珠之意。说明在当时虽然只是以蜡烛采光，但

坤宁宫内牛角质地座灯

画珐琅蜡台

金漆座灯

经过巧匠的精心设计，其装饰艺术效果和现在的五彩电灯都颇相似。

以上说的这些灯具都是以放蜡烛的蜡阡为中心，灯罩装饰则千变万化，主要是用雕竹、雕木、镂铜及金属做成框架，外糊纱绢，再加羊角或玻璃。有的在灯罩上方加置华盖，灯下加挂垂锦以及珠玉金银穗坠，有的还在灯罩四周悬挂吉祥杂宝流苏璎珞。因不同的用途做成各种形式：放在桌上的叫桌灯或座灯；挂在屋顶下的叫挂灯；高架支在地上的叫戳灯；拿在手中用于室外的叫把灯；提在手里引路的叫路灯；等等。宫内熟皮作（武备院南鞍库下属机构）有灯匠可以制灯，所用流苏、璎珞等，亦系自作。

楠木框葫芦挑杆戳灯

紫檀框诗画宫灯

"吉庆有余"掐丝珐琅宫灯

掐丝珐琅桌灯

紫檀框梅花式宫灯

蓝料宫灯

"年年有余"宫灯

掐丝珐琅祝寿落地蜡台

掐丝珐琅油画玻璃宫灯

附录

紫禁城宫殿建筑大事年表

1406 年

明永乐四年闰七月

永乐帝下诏以明年五月建北京宫殿，为此遣官员到各地筹工备料，并征集工匠、军士和民丁限期明年五月赶抵北京听役。

1417 年

明永乐十五年二月

选派泰宁侯陈珪为主，以王通、柳升为副，营建北京宫殿。

1420 年

明永乐十八年十二月

紫禁城宫殿全部竣工。

1421 年

明永乐十九年四月

奉天（今名太和）、华盖（今名中和）、谨身（今名保和）三殿毁于火。

1422 年

明永乐二十年闰十二月

乾清宫毁于火。

1436 年

明正统元年九月

派遣太监阮安和都督沈清、少保吴中督造奉天、华盖、谨身三殿。

1439 年

明正统四年十二月

重建乾清宫，并遣尚书吴中祭司工之神。

1440 年

明正统五年三月

奉天、华盖、谨身三殿和乾清、坤宁二宫竣工。

1449 年

明正统十四年十二月

文渊阁受火灾，所藏之书悉为灰烬。

1475 年

明成化十一年四月

乾清门夜间发生火灾。

1487 年

明成化二十三年九月

修建仁寿等宫。

1490 年

明弘治三年二月

修造隆德等殿拨锦衣卫三百人助役。

1492 年

明弘治五年六月

大学士丘濬清于文渊阁近地别建重楼，完全用砖石砌成。将累朝实录御制玉牒庋于楼上，并将内府的藏书庋于楼的下层。

1498 年

明弘治十一年十月

清宁宫毁于火。

1499 年

明弘治十二年十月

重建清宁宫竣工。

1514 年

明正德九年正月

正月赏灯放烟火，乾清、坤宁二宫毁于火。

明正德九年十二月

为建造乾清宫一区建筑加天下赋白银百万两。

1519 年

明正德十四年八月

重建乾清、坤宁二宫。

1522 年

明嘉靖元年正月

清宁宫后三小宫发生火灾。

1523 年

明嘉靖二年四月

在奉慈殿后修建观德殿。

1525 年

明嘉靖四年三月

仁寿宫发生火灾。

明嘉靖四年八月

工部会廷臣议营建仁寿宫事，同年始建仁寿宫。

明嘉靖四年十月

修理清宁宫竣工。

1526 年

明嘉靖五年七月

嘉靖皇帝传旨工部，因初立观德殿在奉慈殿后，事出仓促，规模窄隘，今拟在奉先殿东侧，别建一殿名为崇先殿，以便奉安皇考恭穆献皇帝神位（嘉靖皇帝生父），同年开工营建。

1527 年

明嘉靖六年三月

崇先殿建成。

1531 年

明嘉靖十年六月

雷击午门上角亭垂脊及西华门城楼西北角柱。

1534 年

明嘉靖十三年九月

在文华殿后建九五斋、恭默室为祭祀斋居之所。

1535 年

明嘉靖十四年五月

重建未央宫，并修建钦安殿以祀真武，殿前天一门及围墙。同年改十二宫名，长安宫为景仁宫、长乐宫为毓德宫（今名永寿）、永宁宫为承乾宫、万安宫为翊坤宫、咸阳宫为钟粹宫、寿昌宫为储秀宫、长寿宫为延祺宫（后改延禧

宫）、未央宫为启祥宫、永安宫为永和宫、长春
宫为永宁宫（今名长春宫）、长阳宫为景阳宫、
寿安宫为咸福宫、咸熙宫为咸安宫。

1536 年

明嘉靖十五年四月

在清宁宫后半地建慈庆宫为太皇太后一区，同
时以仁寿宫故址并撤大善殿营建慈宁宫，为太
后宫一区。

明嘉靖十五年十一月

文华殿原用于太子出阁，设座于中殿，因此是
绿色琉璃瓦；至此改为皇帝设经筵之所，所以
改易黄色琉璃瓦。

1537 年

明嘉靖十六年四月

嘉靖皇帝下诏增修内阁。

明嘉靖十六年五月

清宁宫膳房、端敬殿、御食馆、元辉殿、方殿、
省愆居、理办房及内神厨门等工程俱完。并建
圣济殿十文华殿后以祀先医。

明嘉靖十六年六月

新建养心殿竣工。

1538 年

明嘉靖十七年七月

慈宁宫一区宫殿竣工。

1539 年

明嘉靖十八年正月

奉先殿竣工。

明嘉靖十八年十月

永寿宫竣工。

1540 年

明嘉靖十九年十一月

慈庆宫、本恩殿、二号殿、三号殿全部竣工。

1557 年

明嘉靖三十六年四月

十三日雷雨大作，戌刻火光骤起由奉天殿（今
名太和殿）延烧及谨身（保和）、华盖（中和）
二殿，文楼（今名体仁阁），武楼（今名弘义
阁），奉天（今名太和）左顺（今名协和）右顺
（今名熙和）及午门等门共有二殿二楼十五门全
部毁于火。

明嘉靖三十六年十月

为重建奉天等殿以及午门、太和门兴工，嘉靖
皇帝亲告大高玄殿。

1558 年

明嘉靖三十七年六月

新建午门、太和门、东西角门、左右顺门等门
竣工。嘉靖皇帝下旨太和门权名更大朝门，其
余各殿、楼、门等总待竣工后降制。

1562 年

明嘉靖四十一年九月

嘉靖皇帝下旨，奉天殿更名皇极殿（今名太和
殿），谨身殿更名建极殿（今名保和殿），华盖
殿更名中极殿（今名中和殿）；另文楼为文昭阁
（今名体仁阁），武楼为武成阁（今名弘义阁），
左顺门为会极门（今名协和门），右顺门为归极
门（今名熙和门），奉天门（即大朝门）为皇极
门（今名太和门），东角门为弘政门（今名昭德
门），西角门为宣治门（今名贞度门）。

1566 年

明嘉靖四十五年六月

雷礼奉旨建玄极宝殿，同年九月竣工，以奉嘉
靖皇帝之父睿宗。

1567 年

明隆庆元年四月

修理景仁宫铸给监工科道关防。隆禧殿更名英

华殿。

1569 年

明隆庆三年闰六月

修理乾清宫殿宇及廊庑。

明隆庆三年十一月

修理承乾、永和二宫。

1570 年

明隆庆四年二月

隆庆皇帝命工部于道心阁、精一堂、临保室旧
址重建隆道阁、仁德堂、忠义室。

1573 年

明万历元年九月

修理午门正楼。

明万历元年十一月

慈宁宫后台毁于火。

1575 年

明万历三年五月

修造慈宁宫暖阁仙桥。

1578 年

明万历六年

添盖临溪馆（今名临溪亭）一座。

1580 年

明万历八年四月

皇极门（今名太和门）明梁损坏，命部议修换。

明万历八年闰四月

皇极门开工。

明万历八年六月

皇极门竣工。

1583 年

明万历十一年二月

万历皇帝下诏修武英殿，所用的工料银于节慎库内支出。庚戌日兴工，并遣杨巍祭告。

明万历十一年五月

临溪馆更名为临溪亭；咸若亭更名为咸若馆。

明万历十一年八月

辛酉以武英殿竣工遣尚书杨兆祭后土司工之神。

明万历十一年九月

拆毁四神祠和观花殿，叠石为山，中作石门，扁为堆秀，山上建亭名御景亭。御花园东西建鱼池，池上建浮碧、澄瑞二亭，还有清望阁、金香亭、玉翠亭、乐志斋、曲流馆等。并以修宫后苑工程竣工，遣尚书杨兆祭后土司工之神。

明万历十一年十二月

慈宁宫夜一更发生火灾。

1584 年

明万历十二年二月

万历皇帝上谕内阁，慈宁宫系圣母御居，工部会同内官监，要上紧鼎新毋得延缓。

1585 年

明万历十三年二月

营建慈宁宫，并遣尚书杨兆祭告后土司工之神。

明万历十三年六月

慈宁宫竣工。

1591 年

明万历十九年

宫后苑（即御花园）清望阁、金香亭、玉翠亭、乐志斋、曲流馆拆毁。

1594 年

明万历二十二年四月

修理紫禁城的城垣，遣尚书衷贞吉祭告后土司工之神。

明万历二十二年六月

雷雨大作，西华门城楼发生火灾。

1596 年

明万历二十四年三月

是日戌刻，火发自坤宁宫，延及乾清宫，一时俱烬。

明万历二十四年七月

万历皇帝命钦天监择日鼎建乾清宫。

明万历二十四年闰八月

西华门城楼竣工。

1597 年

明万历二十五年正月

鼎建乾清、坤宁二宫兴工祭告后土司工之神。

明万历二十五年六月

三大殿发生火灾，至是火起归极门（今名协和门）延至皇极（今名太和殿）等殿，文昭（今名体仁阁）、武成（今名弘义阁）二阁，周围廊庑一时俱烬。

1598 年

明万历二十六年七月

重建乾清宫、交泰殿、坤宁宫、东西暖殿披房、斜廊和乾清、日精、月华、景和、隆福等门，周围廊庑一百一十间，并有神霄殿、东裕库、芳玉轩全部竣工，并包括做竖柜二百四十座、板箱二千四百件，通共用银七十二万两。

明万历二十六年十一月

隆宗门兴工。

1600 年

明万历二十八年八月

慈庆宫竣工。

1603 年

明万历三十一年四月

慈宁宫花园等处竣工，遣侍郎周应宾行祀土礼。钦天监择定十六日皇极、中极、建极三大殿开始清理地基。

1608 年

明万历三十六年九月

会极（今名协和门）、归极（今名熙和门）二门上梁。

1615 年

明万历四十三年闰八月

皇极、中极、建极三大殿开始重建。

1616 年

明万历四十四年十一月

隆德殿灾。

1620 年

明泰昌元年八月

皇极门兴工。

明泰昌元年十月

哕鸾宫灾。

1625 年

明天启五年二月

天启皇帝命御史崔呈秀巡视三大殿及各门庑工程。弘政（今名昭德门）、宣治（今名贞度门）二门开工。

1626 年

明天启六年九月

皇极殿（今名太和殿）竣工，天启皇帝在该殿受百官行庆贺礼。

1627 年

明天启七年三月

隆德殿兴工。

明天启七年四月

内官监李永贞题本隆德殿竣工。

明天启七年八月

礼部奏三大殿工程告竣，请择吉日临御。己酉工部奏三大殿自天启五年二月二十三日起兴工，至七年八月初二报竣。

1645 年
清顺治二年五月
定紫禁城前朝殿名为太和殿、中和殿、保和殿、太和门、昭德门、贞度门、协和门、雍和门（今名熙和门）、中左门、中右门、体仁阁、左翼门、弘义阁、右翼门、后左门、后右门等。重建乾清宫。

1647 年
清顺治四年
奉顺治皇帝旨意重建午门。

1653 年
清顺治十年
重建慈宁宫为皇太后所居。

1655 年
清顺治十二年
重修内宫各殿，有乾清宫、交泰殿、坤宁宫、乾清门、景运门、隆宗门及坤宁门。又重修景仁宫、承乾宫、钟粹宫、永寿宫、翊坤宫、储秀宫等。

1657 年
清顺治十四年
顺治皇帝敕建奉先殿、前后殿各七间。

1669 年
清康熙八年
重建太和殿和乾清宫。

1672 年
清康熙十一年闰七月
工部尚书吴达礼等奏称重修三大殿院、后崇楼、太和殿斜廊、平廊，保和殿斜廊平廊及围房，中左、中右门，后右、后左门拆卸，屋顶宪瓦油饰彩画已竣工。

1673 年
清康熙十二年
重建交泰殿、坤宁宫及景和、隆福二门。

1679 年
清康熙十八年
重修奉天殿。建太子宫、正殿为悖本殿，殿之后为毓庆宫；前为祥旭门。太和殿灾。

1682 年
清康熙二十一年
改建咸安宫（今名寿安宫）。

1683 年
清康熙二十二年
重建文华殿，并重修启祥宫（今名太极殿）、长春宫、咸福宫。

1685 年
清康熙二十四年
建传心殿于文华殿之东。

1686 年
清康熙二十五年
重修延禧宫、景阳宫。

1688 年
清康熙二十七年
建宁寿宫。

1695 年
清康熙三十四年
重建太和殿。

1697 年
清康熙三十六年
重修承乾宫、永寿宫，并在坤宁宫左右建暖殿。

1698 年
清康熙三十七年
太和殿工程竣工。

1726 年
清雍正四年
在紫禁城内西北隅，雍正皇帝敕建城隍庙。

1731 年
清雍正九年
奉雍正皇帝旨意于东一长街之南仁祥、阳曜二门之中建斋宫。

1734 年
清雍正十二年九月
修建慈宁宫一区呈览画样，拆卸旧有宫殿房屋八十六间，墙垣一百八十八丈七尺，新添建宫殿大小房屋二百二十三间，工料共约需白银六万九千余两。

1735 年
清雍正十三年十二月
新建寿康宫兴工。

1736 年
清乾隆元年十月
乾隆皇帝阅视寿康宫工程。寿康宫竣工。寿康宫一区包括前后殿周围庑房、门等大小殿座二百八十八间，院墙二百三十三丈五尺、地面一千二十丈六尺二寸及影壁、路灯、铁太平缸等附属设施共实用银七万四千一百二十三两六钱九分八厘，用赤金一百八十八两七钱。

1737 年
清乾隆二年
重修奉先殿。

1740 年
清乾隆五年
兴建抚辰殿、建福宫、惠风亭等及建福宫花园（俗称西花园）。于1923年6月26日夜敬胜斋失火延烧延春阁、静怡轩、慧曜楼、吉云楼、碧琳馆、妙莲花室、凝晖堂及花园南的中正殿等，皆毁于火。

1743 年
清乾隆八年
改建毓庆宫包括正殿、后殿后照房、围房、值房及门等项工程，共用白银四万八千九百八十余两。

1745 年

清乾隆十年

重华宫修盖殿宇前接抱厦等，钦安殿内油饰彩画过色见新，永寿宫后殿改安装修咸福宫加高墙垣等项共用银二万五千六百余两。

1746 年

清乾隆十一年三月

撷芳殿改建为三所兴工（即为皇子住的南三所）。

1747 年

清乾隆十二年

在乾清门外左右建直庐各十二间（今名九卿房和军机处），又于直庐南面各建坐南向北五间军机章京值房和蒙古王公值房。南三所竣工。

1750 年

清乾隆十五年

建造雨花阁一座连两边值房二座计十四间，诸旗房四座计十二间，挪盖凝华门一座、琉璃门二座及其他室内装修和室外设备工程。除旧料抵销银外，实用工料所用白银二万二千五百三十三两有多，用赤金一百九十六两八分一厘。

1751 年

清乾隆十六年

改建咸安宫更名寿安宫，又重修慈宁宫。

1754 年

清乾隆十九年

海望、三和等管工大臣奏称遵旨御花园将养性斋改建为转角楼一座计十三间，大小月台二座、镶墁花斑石、安砌汉白玉石栏杆十六堂等。

1758 年

清乾隆二十三年四月

二十八日午时太和殿庑房绿皮库失火，延烧至贞度门、衣服库、熙和门，共烧毁房屋四十一间。

清乾隆二十三年十二月

遵照乾隆皇帝旨意修建熙和门一座计五间，北

山围房一座计十三间，重檐方楼一座（太和殿西南崇楼）四面各显三间。贞度门一座计三间，西山围房一座计六间，弘义阁南山围房一座计十间及院内其他维修工程，全部竣工，总共用白银十万三千九百四十三两。

1759 年

清乾隆二十四年

在东华门内石桥迤北建琉璃门三座。

1760 年

清乾隆二十五年

奉乾隆皇帝旨将广储司、兆祥所、尚衣监改建为皇子住房，共有三百六十间。又重修咸安宫官学二十七间。

1761 年

清乾隆二十六年

重筑保和殿后三台下层御路。

1762 年

清乾隆二十七年

奉乾隆皇帝旨将神武门内东长房一百二十一间改为皇孙住房。重修文华殿。

1763 年

清乾隆二十八年二月

修理保和殿、中和殿、太和殿后檐、栏板和望柱等工程。

1765 年

清乾隆三十年

重修太和殿、中和殿、保和殿。慈宁宫花园内添建后楼（慈荫楼）、配楼两座（吉云楼和宝相楼）、临溪亭前东西配殿、间等，重修咸若馆。以上统计添建和改建殿宇楼房十一座共五十六间，以及拆改附属建筑和其他设施，共需白银五万九千四百五十二两。

清乾隆三十年四月

紫禁城内城隍庙正殿、马神庙、山门、顺山房大木歪闪俱打牮拨正，拆窗配殿顶四座计十二间，并拆盖挪省牲房三间，拆改门一座及其他

附属建筑，共估计白银九千一百八十余两。

1766 年

清乾隆三十一年五月

重修南三所、茶饭房、净房、井亭、门罩、琉璃门共一百四十座统计二百九十二间，以及其他一些附属建筑物，共需估白银三千九百余两。

1767 年

清乾隆三十二年十二月

慈宁宫由单檐改建为重檐大殿，并挪盖厦殿，拆改宫门，改建前后廊及左右二门及垂花门二座，四周转角围房、月台甬路、墙垣等项工程，共需估工料白银十万八千七百六十四十四两。

1770 年

清乾隆三十五年十一月

修建宁寿宫殿宇节次烫样。

1771 年

清乾隆三十六年

奉乾隆皇帝特旨重修宁寿宫一区殿宇。

1772 年

清乾隆三十七年

内务府英廉、刘浩、四格管理宁寿宫工程大臣奏称，宁寿宫一区后路养性殿仿养心殿，乐寿堂仿长春园淳化轩式样，殿宇大木俱已齐备，拟请择日上梁，经钦天监得本年九月十六日戊申宜用辰时上梁吉。内务府奏称，宁寿宫工程殿座高大，大件物料多，非经年能告竣。酌拟分年次第修造。得先造后路各殿座。今据建造宁寿宫后路养性殿、乐寿堂、颐和轩、景祺阁及西路花园撷芳亭、禊赏亭、倦勤斋等，除楠木、杉木、架木、金砖并颜料飞金铜锡、绫绢向各处征用以外，需工料白银七十一万九千三百五十七两。

1774 年

清乾隆三十九年

乾隆皇帝敕建文渊阁于文华殿之后，为藏《四库全书》之所。包括碑亭一座、阁前水池及单券石桥和阁后堆造云步山石、值房等。

1776 年

清乾隆四十一年

宁寿宫一区工程竣工。后经内务府大臣英廉、和坤于乾隆四十四年三月初一日奏称：修建宁寿宫各殿宇、楼台房座、前后路共计一千一百八十三间，并成堆各处山石俱已如式成修完竣，除各项旧料抵用核除价值并官办松木价银扣除外，实需白银一百二十七万三百四十两。

1783 年

清乾隆四十八年六月

体仁阁灾。

清乾隆四十八年七月

重建体仁阁，工料按例需银四万一千一百七十一两。

1790 年

清乾隆五十五年

拟重建菜房、银库值房等，通共约需白银五千五百二十一两。

1795 年

清乾隆六十年二月

奉乾隆皇帝旨将毓庆宫殿前大殿一座（即惇本殿）计五间及配殿及祥旭门俱往前挪盖，并添盖围房六间，拆去值房十一间，改盖值房六间，后照殿前添盖游廊六间，照殿东山添盖抱厦一间等项工程呈烫样。

1797 年

清嘉庆二年

乾清宫发生火灾延及交泰殿和宏德、昭仁二殿，全部毁于火。重建乾清宫、交泰殿和乾清宫东西昭仁、宏德二殿。

1798 年

清嘉庆三年

乾清宫、交泰殿及乾清宫两边昭仁殿、宏德殿竣工。

清嘉庆三年十月初十日

内阁奉敕旨太上皇乾隆和嘉庆皇帝进宫阅视乾

清宫和交泰殿工程。

1799 年

清嘉庆四年

寿安宫院大戏台拆除交圆明园工程处。

1801 年

清嘉庆六年

重修午门和斋宫。

1802 年

清嘉庆七年

重修养心殿、重华宫、建福宫、储秀宫、延禧宫及上书房。

1819 年

清嘉庆二十四年

重修宁寿宫、畅音阁、阅是楼、佛日楼、梵华楼，并拆盖扮戏楼，还拆去畅音阁的东西配楼，改盖围房二座。除行取各项物料外，按例实销工料白银四万九千五百七十一两。

1831 年

清道光十一年

重修宝华殿并将室内所供奉的画像自救度佛母八十一轴和供养画像十轴撤下送交东黄寺。

1869 年

清同治八年六月

二十日夜间西华门内武英殿不戒于火被毁延烧其他殿宇三十余间，重修时派潘文勤估工程。

1870 年

清同治九年正月

北五所内敬事房木库发生火灾被毁。

1888 年

清光绪十四年十二月

十五日夜间贞度门发生火灾被毁，并延烧太和门及左右庑房。

1889 年

清光绪十五年

重建太和门、贞度门和昭德门。

1891 年

清光绪十七年

修宁寿宫和重华宫。

紫禁城宫殿建筑术语表

B

扒梁 030, 031, 032, 047, 110, 111, 210, 302

扒梁又称"趴梁",是一种两端扣在檩上或一般梁上的一种梁。扒梁和顺梁的方向一致,扒梁既是梁,同时也起着枋的作用,或者说它同时也是一根枋。

宝顶 030, 033, 036, 037, 060, 110, 159, 172, 173, 212, 220, 221, 222, 223

中国古建筑的构件,原用于封护屋脊使之不受雨水等浸蚀,后来逐渐突出装饰性,所用材料多为金属或琉璃,位于建筑的中轴线中央,形状有圆形、束腰圆形、楼阁形或宝塔形。

抱厦 030, 100, 110, 122, 156, 182, 205, 211, 275, 279

建筑术语,清以前叫"龟头屋"或耳房,是指在原建筑之前或之后接建出来的小房子。在主建筑之一侧突出一间(或三间),由两个歇山顶(宋称九脊顶)"丁"字相交,插入部分叫抱厦。外形几乎全呈"凸"字形,最大功能是让主殿显得更具气势。

博脊 110, 111, 209, 225

建筑构件名。古代建筑物歇山顶在山花板与其下山面屋面相交处平置的脊,称为博脊。

C

材 216

材是宋代《营造法式》中建筑构件的长度的标准。

螭首 010, 015, 042, 193, 200, 300

螭是中国古代神话传说中一种没有角的龙。中国古建筑或器物、工艺品上常用它的形状作装饰。在建筑中多用于排水口的装饰,称为螭首散水。

崇楼 040, 146, 189, 202, 223, 266, 300, 305

紫禁城建筑群中的重要装饰性建筑。位于三大殿四周廊庑的四角,重檐歇山顶,封闭阴暗。紫禁城中共有四座崇楼。

重台钩栏 193

宋式栏杆的一种,它的主要特点是有上下两层,皆有华板,所以称为"重台钩栏"。关于重台钩栏的形制,在《营造法式》中也有较清楚的规定:每段高四尺,长七尺,华板上雕刻有精美的花纹,非常漂亮而显华贵。栏杆,原作"阑杆",原是指用木料编织起来的遮挡物,后来又发展出石、砖、琉璃等不同材料所制成的栏杆。

重檐庑殿顶 013, 014, 024, 028, 046, 098, 102, 159, 208, 209, 222

中国古建筑屋顶样式之一,是明清所有殿顶中最高等级。这种殿顶构成的殿宇平面呈矩形,面宽大于进深,前后两坡相交处是正脊,左右两坡有四条垂脊,分别交于正脊的一端。重檐庑殿顶,是在庑殿顶之下,又有短檐,四角各有一条短垂脊,共九脊。太和殿是中国最大的重檐庑殿顶的宫殿。

重檐歇山顶 040, 210, 211, 222, 223

中国古建筑屋顶样式之一,在规格上仅次于庑殿顶。歇山顶共有九条屋脊,即一条正脊、四条垂脊和四条戗脊,因此又称九脊顶。由于其正脊两端到屋檐处中间折断了一次,分为垂脊和戗脊,好像"歇"了一歇,故名歇山顶。歇山顶结合了直线和斜线,在视觉效果上给人以棱角分明、结构清晰的感觉。

穿斗 204

古代木构建筑的主要结构体系。穿斗式是用穿枋把柱子串起来,形成一榀榀房架,檩条直接搁置在柱头,沿檩条方向,再用斗枋把柱子串联起来,由此而形成屋架。木构架用料少,整体性强,抗震能力也较强。柱子排列密,多用

于民居和较小的建筑物。

D

大吻 015, 218, 224

又称正吻、鸱(音赤)吻,是古建筑正脊两端常用的装饰。琉璃瓦类产品种类,呈单体构件,造型花样多是龙、兽等动物,用于建筑屋顶正脊两端。正吻在房屋建筑上起防水和装饰效果。

丹陛 丹墀 040, 044, 048, 049

古代宫殿都坐落在台基上,台基上的台阶称"陛",台阶和台阶之间的缓冲平地称"墀",古时宫殿的台阶多涂饰红色,所以称为"丹陛"和"丹墀"。

地栿 042, 198, 237

地栿属于额枋的一种。额枋,中国古代建筑柱子之间联络和承重的水平构件。内柱间的称为内额,柱脚的称为地栿。栏杆的阑板或房屋的墙面底部与地面相交处的长板,一般有石造和木造两种。地栿位于地面(台基顶面、上枋、阶条石、垂带等顶面)上,为石栏杆的第一层,实为望柱和栏板的基座。

斗拱 010, 015, 032, 046, 189, 214, 215, 216, 217, 218, 219, 248, 249, 253, 254, 265, 273, 280, 284, 289, 302, 304

中国建筑特有的一种结构。在立柱和横梁交接处,从柱顶上加的一层层探出成弓形的承重结构叫拱,拱与拱之间垫的方形木块叫斗,合称斗拱。

G

隔扇 072, 096, 132, 138, 140, 230, 232, 233, 234, 235, 237, 239, 240, 241, 242, 243, 244, 245, 306

隔扇是中国古代的一种门。隔扇也写作槅扇，系由宋式格子门发展而来，用于分隔室内外或室内空间。

H

华板　193, 199, 265

"华板"是栏杆的一个重要组成部分，是挡杆的各个构件中雕饰最突出的一个构件。华板是宋代名称，也就是明清栏杆中的栏板。栏板多用雕刻花纹作为装饰，非常漂亮、华丽，所以也称为"栏板"。

J

井干　204

一种不用立柱和大梁的房屋结构。以圆木或矩形、六角形木料平行向上层层叠置，在转角处木料端部交叉咬合，形成房屋四壁，形如古代井上的木围栏，再在左右两侧壁上立矮柱承脊檩构成房屋。井干式结构需用大量木材，在绝对尺度和开设门窗上都受很大限制，因此通用程度不如抬梁式构架和穿斗式构架。

K

槛窗　230, 232, 235, 239, 245

是中国传统建筑中等级较高的一种窗，又叫半窗，是安装在槛框上的窗子，上半部和隔扇一样，有格心和绦环板。下半部去掉裙板，有砖砌的短墙，也有木质的板壁。宫殿建筑中的槛窗大多为几何图案，雕琢较为精美，体现出一种气魄。

L

菱花纹 菱花钉 三交六椀菱花　072, 230, 232, 233

菱花纹图案是三根或两根直棂相交形成的图形，相交处附加花瓣而成为放射状的菱花图案，木条交叉点上有圆形的金色菱花帽钉，称为菱花钉。三根直棂相交称"三交六椀菱花"，两根直棂相交称"双交四椀菱花"，大多运用在隔扇和槛窗上。在紫禁城，菱花纹在窗格装饰上有严格的等级规定，凡用三交六椀菱花的门窗属最高等级，往下依次为双交四椀菱花、斜方格、正方格、长条形等。

鎏金　015, 036, 040, 045, 060, 074, 107, 109, 166, 172, 224, 305

用金汞合金制成的金泥涂饰器物的表面，经过烘烤，汞蒸发而金固结于器物上的一种传统工艺。

M

马道　022, 029

指建于城台内侧的漫坡道，一般为左右对称。坡道表面为陡砖砌法，利用砖的棱面形成涩脚，俗称"礓",便于马匹、车辆上下。

抹角梁　030, 031, 274, 302

在建筑面阔与进深成45度角处放置的梁，似抹去屋角，起加强屋角建筑力度的作用，是古建筑内檐转角处常用的梁架形式。紫禁城内畅音阁采用此种做法，可减少金柱，使下层台面有一个相当规模的完整空间。

N

钮头圈子　240

在较华丽的建筑中，多用角叶和人字叶钉在边挺与抹头相接处，以防扇角松脱或歪斜，看叶上带有钮花圈子。用浑金流云团龙及翻草岔角、贴金看叶和角叶装饰的门窗、裙板，华贵富丽。

Q

券门　022, 024, 107, 178, 179

券门也可以称"拱门"，是指用砖石砌成的半圆形或弧形的门洞。平时有部分士兵守在城下，当有战事发生时，即要登城参战，所以在城内侧相隔不远便会建一个圆拱形小门，有石阶可以通到城墙上部。

阙　024, 025, 029, 214, 294

中国古建筑中一种特殊的类型，用于标志建筑群入口的建筑物，常见于城池、宫殿、祠庙和陵墓之前，通常左右对称建成高台，台上起楼观，之间没有建筑物相连，故称"阙"。还有直接把两山对峙之处称为"阙"的。

雀替　015, 207, 263, 272

雀替是中国建筑中的特殊名称，安置于梁或阑额与柱交接处承托梁枋的木构件，可以缩短梁枋的净跨距离。也用在柱间的挂落下，或为纯装饰性构件。在一定程度上，增加梁头抗剪能力或减少梁枋间的跨距。宋代称"角替"，清代称为"雀替"，又称为"插角"或"托木"。

S

四角攒尖顶　030, 152, 212

中国古建筑屋顶样式之一。建筑物的屋面在顶部交汇为一点，形成尖顶，这种建筑叫攒尖建筑，其屋顶叫攒尖顶。攒尖顶有单檐、重檐之分，按形状可分为角式攒尖和圆形攒尖，其中角式攒尖顶有同其角数相同的垂脊，有三角、四角、五角、六角、八角等式样。圆形攒尖则没有垂脊。

T

台榭 192

中国古代将地面上的夯土高墩称为台，台上的木构房屋称为榭，两者合称为台榭。台榭是中国古代建筑宫室、宗庙中常用的一种建筑形式，具有防潮和防御的功能。

抬梁 204

古代木构建筑的主要结构体系，抬梁式又称叠梁式，是在立柱上架梁，梁上又抬梁。使用范围广，在宫殿、庙宇、寺院等大型建筑中被普遍采用，更为皇家建筑群所选，是木构架建筑的代表。尤其是在我国北方地区，室内少柱甚至无柱，空间大，耗材多。

天花 藻井 016, 017, 030, 037, 040, 047, 052, 092, 126, 136, 152, 218, 246, 248, 249, 250, 251, 252, 253, 254, 255, 256, 257, 258, 259, 260, 261, 262, 275, 277

天花亦称顶棚，是建筑物内用以遮蔽梁以上部分的构件。建筑内呈穹窿状的天花则称作"藻井"，这种天花的每一方格为一井，藻井通常位于室内的上方，呈伞盖形，由细密的斗拱承托，象征天宇的崇高。藻井上一般绘有彩画、浮雕。藻井与普通天花都属于室内装修的一种，但藻井只能用于最尊贵的建筑物，像神佛或帝王宝座顶上。

W

望柱头 042, 202, 203, 296, 298

望柱也称"栏杆柱"，是古代建筑和桥梁的栏板和栏板之间的短柱，有木造和石造。望柱分柱身和柱头两部分，望柱头部，常雕饰有龙凤狮猴等动物形象，或草叶花果等植物纹样，形式为圆雕和浮雕。

庑房 038, 092, 099, 176, 189, 272

一般指比较长的、进深较浅的，围绕在大型殿宇、高堂下周围的廊房、厢房。

X

下马碑 028, 029

旧制在宫殿及孔子庙前，东西各立一碑，碑文为"文武官员至此下轿下马"，故称为"下马碑"。相传始于明宪宗时。

歇山卷棚顶 135

歇山卷棚顶无正脊，屋脊部位形成弧形曲面的一种山顶样式，为歇山式屋顶之一种。歇山有一条正脊、四条垂脊、四条戗脊，故又称此类建筑为九脊殿。

须弥座 015, 016, 033, 042, 055, 136, 173, 192, 193, 284, 288, 290, 297

又名"金刚座""须弥坛"，源自印度，系安置佛、菩萨像的台座。后来代指建筑装饰的底座，其侧面上下凸出，中间凹入，是由佛座逐渐演变而来。

悬山式 132

中国古代建筑屋顶样式，屋面伸出山墙之外，所以民间也称其为"挑山""出山"。悬山顶等级上低于庑殿顶和歇山顶，仅高于硬山顶。因为早年制砖业不很发达，墙垣用土，为保护山墙免遭风雨浸蚀就需将屋面挑出墙外，因此这种屋顶形式最大量的被用于普通的民间居室之上。

寻杖 198

寻杖也称巡杖，是栏杆上部横向放置的构件。栏杆中使用寻杖目前所知最早为汉代，并且最初是圆形，后来逐新发展出方形、六角形和其他一些特别的形式。

Y

掖门 025

宫殿正门两旁的边门。

楹 028, 080, 113, 235

本义为堂屋前部的柱子。作量词为古代计算房屋的单位。

Z

雉堞 022

又称齿墙、垛墙、战墙，是古代在城墙上面修筑的锯齿状的矮墙，守城人可借以掩护自己。

主要参考文献

《大明会典》
[明] 申时行等重修
明万历年刊本。

《明史》
[清] 张廷玉等撰
中华书局，1974 年第一版。

《明实录》
江苏图书馆传抄本
1940 年。

《明宫史　金鳌退食笔记》
[明] 刘若愚等著
北京古籍出版社，1980 年。

《明会要》
[清] 龙文彬撰
光绪年刊本。

《春明梦余录》
[清] 孙承泽撰
光绪九年刊本。

《天府广记》
[清] 孙承泽撰
北京出版社，1962 年。

《万历野获编》
[明] 沈德符著
中华书局，1959 年。

《清史稿》
赵尔巽等修
中华书局，1977 年第一版。

《大清会典》
清雍正年刊本。

《钦定大清会典事例》
[清] 托津等撰
清嘉庆年刊本。

《东华录》
[清] 王先谦撰
长沙王氏刊本。

《大清会典事例》
清光绪年印本。

《国朝官吏》
[清] 于敏中等撰
东方学会据乾隆版铝印本，
1925 年。

《清宫史续编》
[清] 庆桂等编
故宫博物院，1932 年。

《钦定内务府现行则例》
故宫博物院，1937 年。

《顺天府志》
[清] 缪荃孙等纂修
清光绪年刊本。

《畿辅通志》
[清] 黄彭年等纂
光绪年刊本。

《日下旧闻》
[清] 朱彝尊撰
康熙二十七年刊本。

《日下旧闻考》
[清] 于敏中等编纂
乾隆四十三年刊本。

《天咫偶闻》
[清] 震钧著
光绪年刊本。

《宸垣识略》
[清] 吴长元辑
光绪年刊本。

《翁文恭日记》
[清] 翁同龢撰
上海涵芬楼影印本 1952 年。

《工程作法》
清雍正九年纂
乾隆元年刊本。

《内庭工程作法》
清雍正九年纂
乾隆元年刊本。

《清故宫文渊阁实测图说》
梁思成、刘敦桢著
《中国营造学社汇刊》第六卷
第二期。

《清皇城宫殿衙署图年代考》
刘敦桢著
《中国营造学社汇刊》，第六卷
第三期。

《故宫》
单士元著
《文物参考资料》，1957 年第
一期。

《元大都城平面规划述略》
王璞子著
《故宫博物院院刊》总第二期，
1960 年。

《故宫三大殿》
于倬云著
《故宫博物院院刊》，总第二期，
1960 年。

《文渊阁》
单士元著
《故宫博物院院刊》，1979 年第
二期。

《太和门》
王璞子著
《故宫博物院院刊》，1979 年第
三期。

《故宫午门彩画的复原》
王义章著
《故宫博物院院刊》，1979 年第
四期。

《乾隆花园的造园艺术》
于倬云，傅连兴著
《故宫博物院院刊》，1980 年第
三期。

《紫禁城宫殿屋顶式样》
贾俊英，郑连章著
《故宫博物院院刊》，1980 年第
三期。

《慈宁宫花园》
茹竞华，郑连章著
《故宫博物院院刊》，1981 年第
一期。

《建福宫花园遗址》
傅连兴，白丽娟
《故宫博物院院刊》，1980 年第
三期。

《紫禁城》
北京故宫博物院杂志社编
《紫禁城》第一期至第十二期
（1980—1982 年）。

编辑
说明

　　1982 年至 1985 年，商务印书馆（香港）有限公司陆续推出 8 开本繁体中文版《紫禁城宫殿》《国宝》《清代宫廷生活》，轰动港岛；2006 年，经香港商务印书馆授权，三联书店（北京）出版上述三书 16 开本简体中文版；2014 年，该 16 开简体中文版由香港商务印书馆转授人民美术出版社继续出版。由此可证，此三书历久弥新，成为介绍故宫建筑、皇家生活和历代文物珍品的经典读本。2021 年，距此三书面世近 40 年之际，其编撰的专家、学者多已离世，书中许多文物遗迹也很难再拍到，此次仍由香港商务印书馆授权，活字国际（北京）编辑部联合广西师范大学出版社根据当下时代阅读方式的演变，在完全保留原书核心内容的前提下，对书稿进行重新编排设计，并修正了之前版本中的部分讹误。具体工作大概如下：

　　一、将画册模式改造为图文书模式，使之更方便阅读；

　　二、为突出关键内容，抠除部分建筑、器物等图像的背景和环境；

　　三、调整部分内容顺序、补充部分内容信息、增加索引内容；

　　四、部分文物名称按新颁布的名称标注。

活字国际　编辑部

2021 年 3 月

本书由商务印书馆（香港）有限公司授权简体字版，限在中国内地出版发行。
著作权合同登记号桂图登字：20-2021-250 号

图书在版编目（CIP）数据

紫禁城宫殿 / 于倬云主编. --桂林：广西师范大学
出版社，2021.11
　（故宫三书）
　ISBN 978-7-5598-4309-8

　Ⅰ．①紫⋯　Ⅱ．①于⋯　Ⅲ．①故宫－北京－摄影集
Ⅳ．①K928.74-64

中国版本图书馆 CIP 数据核字（2021）第 198431 号

紫禁城宫殿
Zijincheng Gongdian

选题策划：活字国际
特约编辑：尹　然
设计制作：气和宇宙　陈小娟
特约营销：廖　琛
封面题字：鲁大东

出　版　人：黄轩庄
出版统筹：冯　波
项目统筹：廖佳平
责任编辑：邹湘侨
助理编辑：成　能
营销编辑：李迪斐　陈　芳
责任技编：王增元
出版发行：广西师范大学出版社
　　　　　广西桂林市五里店路 9 号　邮政编码：541004
网　　　址：http://www.bbtpress.com
印　　　刷：天津图文方嘉印刷有限公司印刷
　　　　　天津宝坻经济开发区宝中道 30 号　邮政编码：301800
开　　本：787 mm × 1 092 mm　1/16
印　　张：21　　字数：490 千
版　　次：2021 年 11 月第 1 版　　2021 年 11 月第 1 次
定　　价：138.00 元

■如发现印装质量问题，影响阅读，请与出版社发行部门联系调换。